The Three KINGDOMS

요시카와 에이지 원작
이시모리 프로 그림
다케카와 고타로 시나리오
장현주 옮김

만화 삼국지 2

미래사

만화 삼국지 2 · 적벽대전과 삼국의 공방

주요 등장인물

THE THREE KINGDOMS

제갈량 諸葛亮

자는 공명(孔明). 옛날의 명재상·명장이었던 관중(管仲)과 악의(樂毅)에 필적하는 큰 인재. 유비의 신임을 받아 군사가 되고 적벽대전을 승리로 이끌었다. '천하 삼분지계'를 실현하는 데 진력해 유비가 촉을 차지할 수 있게 했다. 임종을 맞은 유비에게 뒷일을 부탁받고 남방 정벌, 북쪽의 위나라 정벌을 감행했으며 오장원 싸움터에서 죽었다.

유비 劉備

자는 현덕(玄德). 탁군 출신. 삼고초려로 제갈공명을 얻는다. 적벽대전에서 승리한 뒤, 형주 남부의 여러 군을 손에 넣어 지반 다지기에 겨우 성공한다. 촉을 얻고 한중왕에 올라 천하를 삼등분하는 데는 성공하나, 관우와 장비를 잇달아 잃고 육손에게 패해 백제성에서 파란 많은 생을 마친다.

장비 張飛

자는 익덕(翼德). 탁군 출신. 유비가 촉으로 들어갈 때 방통이 전사하자 후발대로 향하던 도중 노장 엄안을 감복시켜 촉을 얻는 데 도움을 주었다. 그러나 관우가 손권의 손에 죽자 복수심이 앞서 술을 마시고 부하에게 화풀이를 한 뒤, 잠든 사이에 범강과 장달에게 살해당한다.

관우 關羽

자는 운장(雲長). 하동군 출신. 적벽대전 후 형주 남부를 지키고, 유비가 촉을 차지한 뒤에는 북쪽 방면으로 올라가 맹위를 떨쳤다. 유비가 더 강해지면 자신에게 천하통일의 기회가 없을 것이라 여긴 손권에게 공격당해 사로잡힌 뒤, 양자 관평과 함께 원통한 죽임을 당했다. 머리는 조조에게 보내졌다.

손권 孫權

자는 중모(仲謀). 아버지와 형에게 이어받은 강동 땅에서 지반을 굳히고, 유비군과 연합해 적벽대전에서 승리하지만 형주를 차지하기 위해 오랫동안 유비와 싸웠다. 여동생을 유비에게 시집보내고도 호시탐탐 천하를 노려 오의 황제가 된다.

조조 曹操

자는 맹덕(孟德). 패국 출신. 적벽대전에서 패한 뒤 조조대에서의 천하통일은 어려운 형세가 된다. 그러나 아들 조비대에서 나라를 빼앗게 하려고 헌제의 아내 복황후와 황자를 죽이고 자신의 딸을 황후의 자리에 오르게 해 준비한다.

방통 龐統

자는 사원(士元). 양양군 출신. 공명과 더불어 칭송되는 큰 재주를 지닌 인물. 유비가 촉으로 들어갈 때 동행했는데, 우연히 유비의 백마를 바꿔 타는 바람에 유비로 오인돼 화살을 맞고 낙봉파에서 전사한다.

사마의 司馬懿

자는 중달(仲達). 하내군 출신. 처음에는 문관으로서 조조를 섬겼으며, 능란한 내정 수완으로 두각을 나타낸 위의 명군사. 오장원에서는 지구 전법으로 공명의 북벌을 저지했다. 손자 사마염(司馬炎)의 대에 천하통일을 달성하면서 선제(宣帝)로 추존되었다.

강유 姜維

자는 백약(伯約). 원래 위나라 신하였으나 투항해서 공명의 후계자가 되어 촉의 군사를 담당한다. 그러나 지나치게 군사에 집중해 북벌을 거듭한 결과 촉의 국력을 피폐하게 만들었다는 사실은 역사적으로 문제가 된다.

육손 陸遜

자는 백언(伯言). 나라를 빼앗은 조비에 대항해 촉에서 황위에 오른 유비가 관우의 복수를 하러 오나라로 쳐들어온다. 이에 육손은 총사령관으로서 철저한 기다림 작전으로 촉군이 피로를 느낄 때까지 기다려 단번에 격퇴한다.

曹

제26장 고육지계·연환계

공명에게 10만 개의 화살을 빼앗긴 데다
주유의 간계로 채모와 장윤의 목을 벴소.
순욱.
적을 속일 방책이 없겠소?
주군. 제게 비책이 있습니다.
음
좋은 생각이군.
즉시 시행하시오!
채모의 조카
채중과 채화를 거짓으로 항복시켜 적군의 정세를 살피면 어떻겠습니까?

주유의 막사
주 도독.
저희는 죄 없이 목이 베인 채모의 조카
채중과 채화입니다.
조조의 어리석음에 정나미가 떨어져 항복하기로 했습니다.
조조 진영의 일은 잘 알고 있으니
받아 주십시오.
잘 결단했소.
크게 환영하오.
우선 저쪽 막사에서 술이라도 드시오.

* **채중(蔡中)과 채화(蔡和)** 채모의 조카로 『삼국지연의』에 등장한다. 채모 일족으로는 이 외에 채훈(蔡壎 또는 蔡勳)이 있으나, 모두 정사(『삼국지』)에는 기록이 없다. 채훈은 주유와의 서전(緖戰)에서 감녕에게 목숨을 잃는다. 또한 요시카와 에이지의 『삼국지』에서는 채중(蔡仲), 채화(蔡和)로 표기하고 있다.

감녕.
나는 저 둘의 항복이
거짓임을 한눈에 알았네.
후후
적의 계략을 역이용하세.
과연! 주 도독. 저도 같은 생각으로….

이 밤에 무슨 일로?

황개 장군이

* **감녕(甘寧)** 출생연도 미상~222년 무렵. 익주의 파군 임강(지금의 중경시 충현) 출신.

저는 적과 아군의 우열을 따져봤는데
중과부적, 화공 기습 외에는
계책이 없다는 생각에 도달했습니다.
실은 나도 그 생각을 하고 있었소.
그러니
적에게 투항하는 것처럼 다가가 화공을 감행하면
적의 피해가 더없이 커지지 않겠소?
과연!
그럼
구체적인 계책은….
적군 채중과 채화라는 장수가 거짓 항복을 해서 우리 진영에 있소.
거짓 투항을 진짜로 믿는 것처럼 적에게 통보하면
적은 반드시 믿을 것이오.
참으로 묘안 입니다.
하지만
채중과 채화가 믿게 하려면
그들이 믿게끔 손을 써야 하오.
예를 들어 아군도 속일 만큼 잔인한 매질 같은….

* **황개(黃蓋)** 출생연도 사망연도 미상. 자는 공복(公覆). 형주의 영릉군 천릉(지금의 호남성 영주시) 출신.

황개 장군.
그럼
부탁하오.
승리를 위해서라면 늙은 몸이 부서져도 좋습니다.
제가 그 역할을 하지요.
조조와의 결전이 눈앞에 다가왔소.
모두 각오는 됐겠지?
나는 반대요!
항복만이 우리 오를 지키는 길이오.
중과 부적이니

무슨 소린가!
황개!
이제 와서 잠꼬대 같은 소릴 하면 두들겨 팰 테다!
주유. 당신은 오를 멸망시킬 작정인가!?
목을 치는 것이 마땅하나, 나이를 생각해
곤장 100대의 형에 처한다!
즉시 시행하라!!
하나!
둘!
쫘악
쫘악

으으윽!
일흔!
예순아홉!
짜악
짜악
주 도독.
이제 그만하십시오!
이것은 주군의 뜻이다.
그럴 수 없다.
후후….
고육지계인가?
주유도 제법이군.

*** 고육지계(苦肉之計)** 적을 속이기 위해 스스로를 상하게 하는 계책. 『삼국지연의』에는 손권군의 숙장 황개의 배반을 조조가 믿게 만들기 위해 주유가 일부러 황개를 곤장형에 처한 것으로 나온다. 정사에는 황개가 거짓 투항을 도모해 조조를 방심하게 하려고 주유에게 진언했다는 내용이 있는데, 곤장형 이야기는 나오지 않는다.

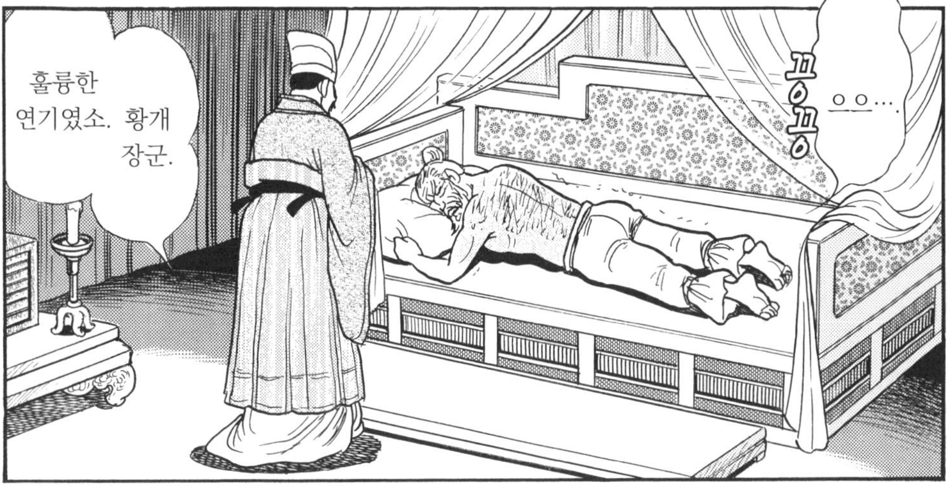
끙끙
으으….
훌륭한 연기였소. 황개 장군.

과연! 감택 공.
알아 챘구려.
실은….
… 이렇게 된 거요.
오를 위한 장군의 마음은 잘 알았소.
즉시 어부로 변장해 황개 장군의
항서를 조조에게 전달하겠소.

* **감택(闞澤)** 출생연도 미상~243년. 자는 덕윤(德潤). 양주의 회계군 산음(지금의 절강성 소흥시) 출신.

감택 공.
그대의 말은 알았소.
그런데 곤장형이 사실이오?
믿지 않으신다면 저를 사형에 처해도 상관없습니다!
소곤소곤
음
그래.
… 아니, 그 말이 거짓이 아님을
오 진영에 숨어든 자가 알려왔소.
황개 장군이 투항하면 두 사람을 받아주겠소!
겨우 알아주셨군요. 또 하나,
황개 장군이 투항할 때는 뱃머리에 표시 깃발이 있을 것입니다.
잊지 마십시오.
좋소. 이걸로 우리 군의 승리는 틀림없겠군.
감택 공. 황개 장군에게 잘 전해주시오.
그럼
별실에서 한잔합시다.

백전백승은 선 중의 선이 아니다.
싸우지 않고 적을 굴복시키는 것이 선 중의 선이다….
아, 공명 선생.
오호
방통 공.
오늘은 『손자』 공부인가?

*** 방통(龐統)** 179~214년. 자는 사원(士元). 형주의 남부 양양(지금의 호북성 양번시) 출신. 공명(제갈량)보다 한 살 많고, 적벽대전 때는 세는 나이로 서른이었다.

오랜 만이오.
귀공이 손권 진영에 지혜를 빌려주고 있다고 들어
언젠가는 나타나리라 생각했소.
통찰력에 탄복했소.
오늘은 무슨 일로?
그래서
지금 장강을 사이에 두고 조조군과 대치 중인데, 조조군은 수륙 백만이고
손권의 수군은 5만뿐이오.
뭔가 좋은 지혜가 없겠소?
고견을 듣고 싶소.
으흠
그래서 귀공의 전략은?
배에는 화공이 제일인데
물 위에 흩어져 있으니
좋은 방책이 없겠소?
과연 ….

그것을 어떻게 적에게 불어넣는지가 문제요.
그런데
그럼 적의 배를 연결시키면 어떻겠소?
연환계 말이오.
과연 귀공은 책사요!
그거라면 방책이 있소.
귀공에게 조만간 조조 측 사자가 오게 만들겠소.
그 사자를 통해 조조에게 연환계를 전수해주겠소?
그거로군.
후후
후후후
좋소. 나도 조조의 포학함을 그냥 볼 수 없어서
어차피 유비 공이나 손권 공의 진영에 참여할 생각이었소.
유비 공께 잘 부탁한다고 전해주시오.

* **연환계(連環計)** 화공을 당해도 달아나지 못하도록 배와 배를 쇠사슬로 연결하게 만드는 계략.

孫
蔡
깜짝
공명 선생!
무슨 일로…?
채중 공. 채화 공.
세상엔 엄청난 지혜를 가진 자가 있소.

그러나
아무리 설득해도
우리 유비, 손권 진영에 올 마음이 없는 것이 몹시 안타깝소.
허
그게 누구입니까?
방통 사원이오.
봉추, 그러니까 봉황의 새끼라고 소문난 군사지요.
그 방통은 어디에 있는지…?
방통은 적도 노리는 인물이니
조조 편이 되지 않도록 해야겠습니다.
여기서 정남쪽으로 1리쯤 떨어진 오래된 집이오.
귀공들. 앞으로도 조조군의 정보를 부탁하오.

* **봉추(鳳雛)** 아직 하늘(천하)로 날아오르지 못한 봉황의 새끼라는 의미로 방통의 별명이었고, 와룡(엎드려 있는 용)인 공명과 함께 칭송되었다. 방통을 봉추, 공명을 와룡이라고 평한 사람은 양양의 방덕공(龐德公)으로 방통은 방덕공의 조카에 해당한다. 참고로, 방덕공의 아들 방산민(龐山民)은 공명의 누나를 아내로 맞았으므로 방통과 공명은 인척이다(『삼국지』「촉서 방통전」).

방통을 우리 편으로 끌어들이면
조조 장군도 우리를 후하게 대우하겠지.
좋아
몰래 찾아가보세.
저런
또 주무시나….
저
선생님.
일어나세요.
서가 아니냐.

주유 공의 부하들이 채중과 채화가 달아났다고 난리법석이에요.
그래?
후후
됐다.
선생님이 계획한 일이군요?
아하
방통 선생.
우리 수군의 포진은 어떠하오?
승상.
훌륭합니다.

* **채중과 채화가 달아났다고…** 소설 『삼국지연의』에서는 채중, 채화가 아직 손권군에 남아 있었다. 소설에서 방통을 꾀어낸 사람은 전에 주유를 설득하러 온 장간(제25화 참조)이다. 주유는 조조를 연환계에 끌어들이려고 노숙을 통해 방통에게 의뢰해서 장간과 방통을 우연인 것처럼 만나게 만들었다.

그렇소.
도중에 채중 공과 채화 공에게 들은 대로입니다
다만
간간이 환자가 보입니다.
형주 수군은 괜찮은데,
우리 수군은 육전에는 익숙하나
배에서는 약한 자가 많소.
뭐, 좋은 방법이 없겠소?
배 사이에 널빤지를 걸쳐 병사들이 오가게 하는 것도 하나의 방책입니다.
연환계라고 할까요?
연환계라….
그럼 배를 쇠사슬로 튼튼히 연결해 흔들림을 최소화하는 것,
즉 수상 요새를 만드는 게 어떻겠습니까?

방통 선생의 두뇌는 과연 명석하구려.
이것으로 오나라 수군도 압도할 수 있겠소!
방통 선생의 지혜에 공명도 파랗게 질리겠지요.
물론!
채중, 채화.
즉시 시작하라!
옛!

방통 선생.
지금 바로 우리 군의 군사가 되지 않겠소?
부탁하오.
군사라니, 당치도 않습니다.
우리 군에도 순욱, 순유 같은 군사가 있으나
선생에게는 그 윗자리를 내주겠소.

* **귀환 후의 감택** 조조를 믿게 만드는 데 성공한 감택은 진영으로 돌아간 뒤 감녕의 막사를 찾아가 감녕을 한패로 만들었다. 그리고 채중과 채화도 믿게 연기를 해서 배신할 준비가 착착 진행되는 것처럼 보이게 했다(『삼국지연의』).

곤란한 분이 있으면 도와드리는 게 제 취미입니다.
다만 손권에게는 깊은 원한이 있기 때문에
적장들이 승상께 항복하게 만들겠습니다.
승상의 승리를 진심으로 기원합니다.
그럼 이만….
선생.
부디 잘 부탁하오.

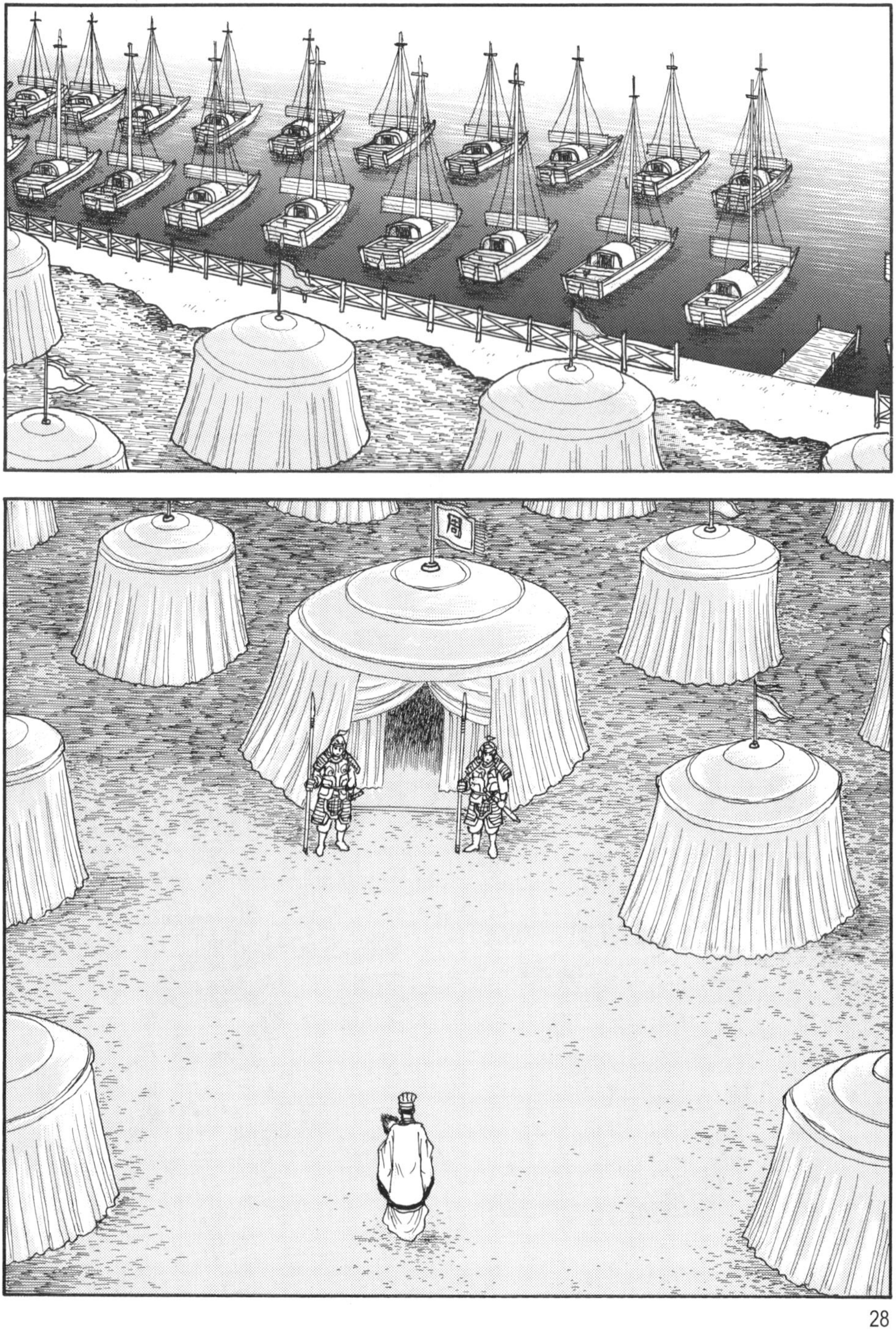
周

제27장 적벽대전(1)

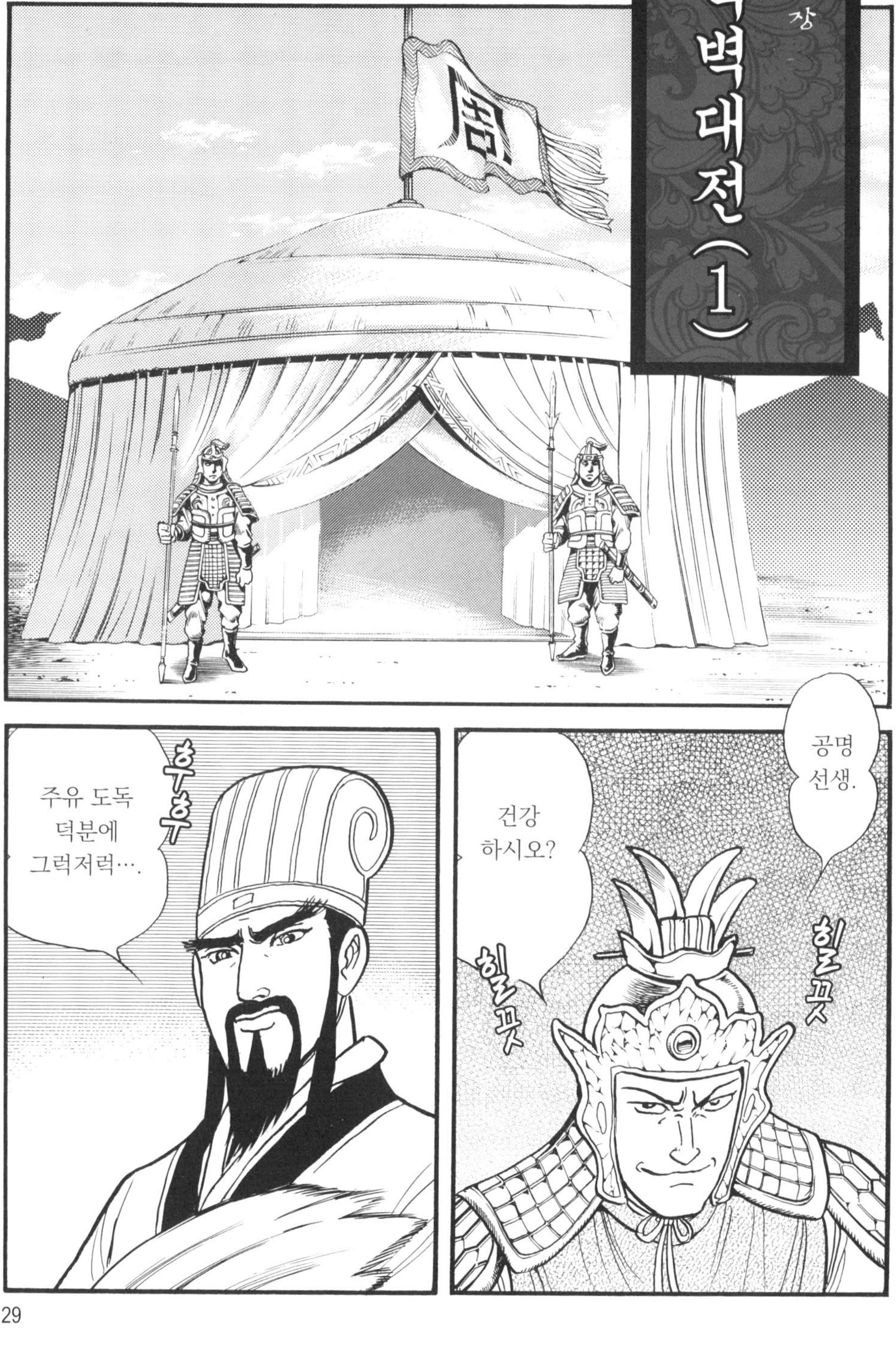
周
공명 선생.
건강 하시오?
힐끗
힐끗
주유 도독 덕분에 그럭저럭….
후후

그런데
황개 장군의 거짓 항복에 의한 화공 계책은 진행 중이오?
대체 무슨 말이오?
황개의 항복…?

고심 중이오.
화공의 조건이 갖춰지지 않아
하지만
과연 공명 선생이군.
알고 있었소.
귀공의 고육지계는 이미
시치미 떼지 마시오.
…!?
한 가지 조건은 내가 갖춰놓았소!
단
눈을 크게 뜨고 적의 선단을 잘 보시오.
허
그게 무엇이오?

아
저것은 대체 무슨…?
연환계 라오.
연환계!?
그렇소.
주 도독. 오군이 화공을 쓰기 쉽도록
배와 배를 쇠사슬로 연결시킨 것이오.

曹
曹
曹
얼마 전 귀공에게 거짓 항복을 했던 채중과 채화가 달아났지요?
아니 아니
설마 선생이 조조에게?
어떤 계책을 사용한 것이오?
오랜 벗 방통 선생의 지혜를 빌려
조조를 부추겼지요.

* **조조군의 주연(酒宴)** 방통에게 '연환계'를 전수받고 안심한 조조는 커다란 배 한 척에 여러 장군을 모아놓고 성대한 주연을 베풀었다. 이때 조조는 자신의 야망을 표현한 시를 지었다.

방통 선생을 조조에게 데려가게 했소.
그 둘을 부추겨
그것이 연환계와 어떻게 연결된다는 것이오?
하지만
귀공은 그런 일까지 알고 있었군….
귀공은 정말 귀신같구려!
그렇게까지 치밀한 계략을…!!
오호!!
걱정 없소.
방통 선생은 무사하오?
그래서
남은 문제는 단 하나.
그럼….
서둘러 조조 곁을 떠날 테니.

그럼
그것은 ….
바람!
화공에 가장 효과적인 것은 적의 선단에 부는 동남풍!
헌데
지금은 한겨울이라
대부분 북동풍이 불지요.
공명 선생이 아무리 대단해도 이것은 어쩌지 못할 것이오.
후후
글쎄요.
아니, 방법이 있단 말이오!?
불가능하다고 결정된 것도 아니지요.
그럼 이럽시다.
동남풍이 부는 날, 서라는 아이를 주 도독에게 보내겠소.
그때는 반드시 화공을 결행해 조조군을 섬멸해주시오!

*** 남은 문제는 단 하나** 『삼국지연의』에는 화공에 필요한 동남풍이 불지 않아 주유가 몸져눕는 장면이 나온다.

그럼 저는 이만 실례를….
학수고대하고 있겠소.
참으로 고맙소.
바보 같은 놈! 네놈의 목숨도 그때까지다!

콸 콸
서야, 한잔 더.
맛있구나.
저한텐 술보다 경단이죠.
덥석
너도….
아니, 너는 안 되지.
구름을 보거나….
장강을 바라보거나
전쟁이 곧 터질 것 같은데 선생님은 여기서 뭘 하십니까?
벌써
나흘째라고요.
뽀우 뽀우

*** 주유의 실체** 『삼국지연의』에는 주유가 공명에게 라이벌 의식을 노골적으로 드러내는 도량 좁은 인물로 그려져 있으나, 정사 『삼국지』의 기술은 전혀 다르다. 대범한 성격에 도량도 넓어 많은 사람의 마음을 사로잡았다고 한다(『삼국지』 「오서 주유전」).

술을 마시다니 팔자 좋군!
응…?
좋다
오늘이다!
벌떡
뭐가 오늘인가요?
쓱 쓱…
서야.
지금 당장 주유의 막사로 가서 이것을 던져 넣어라.

한데
그러고는 몸을 숨기고 재빨리 달려서
전에 유비 공을 배웅한 선착장으로 오너라.
나는 거기 조운 공의 배에서 기다리겠다.
우물쭈물하면 목숨이 위험하니 각오해야 한다.
알겠지!

* **공명을 두려워하는 주유** 동남풍이 불기 시작하자 공명이 도술로 바람을 불게 했다고 생각한 주유는 “저 사내는 무서운 술법을 가지고 있다”고 놀라면서 “살려두면 동오에 화근을 남길 것이다. 즉시 죽여버리자”고 부장(『삼국지연의』에서는 서성徐盛과 정봉丁奉)을 보낸다.

펄럭…
혹시…?
이게 뭐지?
이리 주시오!

손권 중모 귀하
주유 공근 귀하
오늘 신시(申時) 무렵부터
한밤중
축시(丑時) 무렵까지
확실히 동남풍이
불 것이오.
밤을 기다려
화공계를 실수 없이
감행하시오.
조조 군단을 섬멸하시오.
저는 강하성에서
기다리는 유비 공에게
서둘러 달려가서
조조의 퇴로를 끊을
계책을 세우겠소.
이해해주시오.
제갈공명
대체 누가 이런 걸
여기에…!?
늘 공명과 같이 있던 아이일 겁니다.
이걸 과연 믿을 수….
기다리오, 노숙.
서성.

*** 서성(徐盛)** 출생연도 사망연도 미상. 자는 문향(文向). 서주의 낭야국 거현(지금의 산동성 거현) 출신.

병사 백을 이끌고 급히 아이를 쫓아가
공명과 함께 목을 쳐라!
실수 없도록!!
옛!
주유 그대도 집요하군….
후후
하지만 그 편지를 믿을 수 있겠소?
주공. 공명은
오나라에게 사자 몸속에 기생해 사자를 죽이는 벌레지만, 명철하고 신뢰할 수 있습니다.
거짓은 없을 겁니다.
생각해보니 그렇군.
그럼….
황개 장군에게 전하라. 조조에게 거짓 항복을 하고
오늘 밤 술시에 화공을 실행하라고!
짚단과 기름을 충분히 싣고 가도록!
옛!
알겠습니다.

* **거짓은 없을 겁니다** 『삼국지연의』에서 이 발언을 한 사람은 노숙이었다. 기일이 됐는데도 동남풍이 불지 않아 초조해진 주유가 화를 내자 노숙은 "공명이 아무렇게나 나오는 대로 말한 적은 없습니다" 하고 항변했다.

오늘 밤 우리 오군은 총력을 다해 조조를 제물로 삼는다!
알았나!!
옛——!!
두두 두두 두두두
쫓아라! 쫓아!
공명이 막사에 없다면 선착장에 간 게 틀림없다.
앗!

공명 선생.
주 도독이 중요한 이야기가 있으니
꼭 돌아오시라고 합니다!
와핫핫핫
주 도독은 나를 죽이고 싶겠지.
그런 꼴을 안 당하려고 조운 공에게 마중 나오게 했소.
서성 공!
이놈
어떻게든 데려가야겠다!
쫓아랏!

당하지 않겠다.
조운의 화살을 맞아라!
슈슈슉
슈슉
우와앗!
툭
돛이….
으악
메롱!
여기까지 와봐.
왓하하
귀공의 목숨을 가져가지 않는 것은
오군과의 우의를 소중히 여겨서다.

강하성
오오
공명 선생.
기다리고 있었소.
무사해서 다행이오.
조운 공의 활약으로 무사히 돌아왔습니다.
위와 오, 양군의 전황은 어떻소?
오늘 밤 적벽에서 조조군과 손권군이 격돌할 텐데
오군이 승리하도록 모든 준비를 마치고 왔습니다.
남은 것은 패주하는 조조의 목숨을
어떻게 끊느냐 뿐입니다!

이대로 하면 조조의 목은
반드시 우리 것이 됩니다.
쫘악
공명 선생.
그 방책이 무엇이오?
스윽
조조 목은 내가 베겠소!
조운, 즉시 출발합니다!
알겠습니다.

＊조운과 장비 이외의 배치 공명은 미축(糜竺)·미방(糜芳)·유봉(劉封) 세 명에게는 배를 타고 달아나는 조조군 병사를 잡으라고 명령했고, 유기(劉琦)에게는 악현(지금의 호북성 악성시)을 지키라고 했으며, 유비에게는 번구(악현의 서쪽)에서 대기하게 했다.

공명 선생.
내 역할은 적혀 있지 않은데?
죄송하지만, 관우 공은 조조에게 은혜를 입는 적이 있지요?
그렇소.
하지만 조조의 적인 안료와 문추의 목을 베어 충분히 갚았소.
지금은 아무 빚도 없소!
하지만
만일….
만에 하나, 이 관우가 조조를 못 본 체하는 일이 있으면….
공명 선생.
내 목을 기탄없이
쳐도 좋소!

이 지점에서 조조가 올 때를 기다리십시오.
그 정도로 각오가 됐다면
알겠습니다.
조조의 목을 반드시
내 손으로 베어 보이겠소!

제28장 적벽대전(2)

승상.
오늘은 동남풍이 불고 있습니다.

* **일양내복(一陽來復)** 음력 10월에 음이 극에 달해서 11월 동지(태양력 12월 20일 무렵)에 양이 되돌아와 봄이 찾아온다는 것(출전은『역경易經』). 나쁜 일이 계속된 뒤 좋은 일이 찾아온다는 의미로도 쓰인다.

무슨 말인가, 정욱!
오늘은 동지,
일양내복의 좋은 날 아닌가?
저는 몹시 걱정스럽습니다.
曹
曹
바람 따위에 놀랄 것 없다.
승상께 지금 막
적진에서 밀서가 도착했습니다.
착
빨리 보자.

* **정욱(程昱)** 141~220년. 자는 중덕(仲德). 연주의 동군 동아현(지금의 산동성 양곡현) 출신.

승상 조조 맹덕 공
오늘 밤 술시
전에 알려드린 대로
항복의 선단
2백 척을 이끌고
귀군에게 가겠소.
청룡기를 세우고
갈 테니 그리 아시오.
황개 공복
모두 들으라.
적장 황개가 보낸 밀서다….
모두 어떤가?
마침내 오늘 밤에 나의 오랜 숙원, 오군을 격멸할 것이다!!
황개의 항복을 받는 즉시 적을 향해 출격한다.
알겠나!!
옛!!

* **정욱의 충고** 군선을 쇠사슬로 연결하는 데 의문을 가진 사람도 있었다. 참모 정욱이 "화공을 당하면 피할 수 없다"고 충언했으나 조조는 "지금은 겨울이어서 서풍이나 북풍은 불어도 동남풍은 불 리 없다"고 말했다(『삼국지연의』).

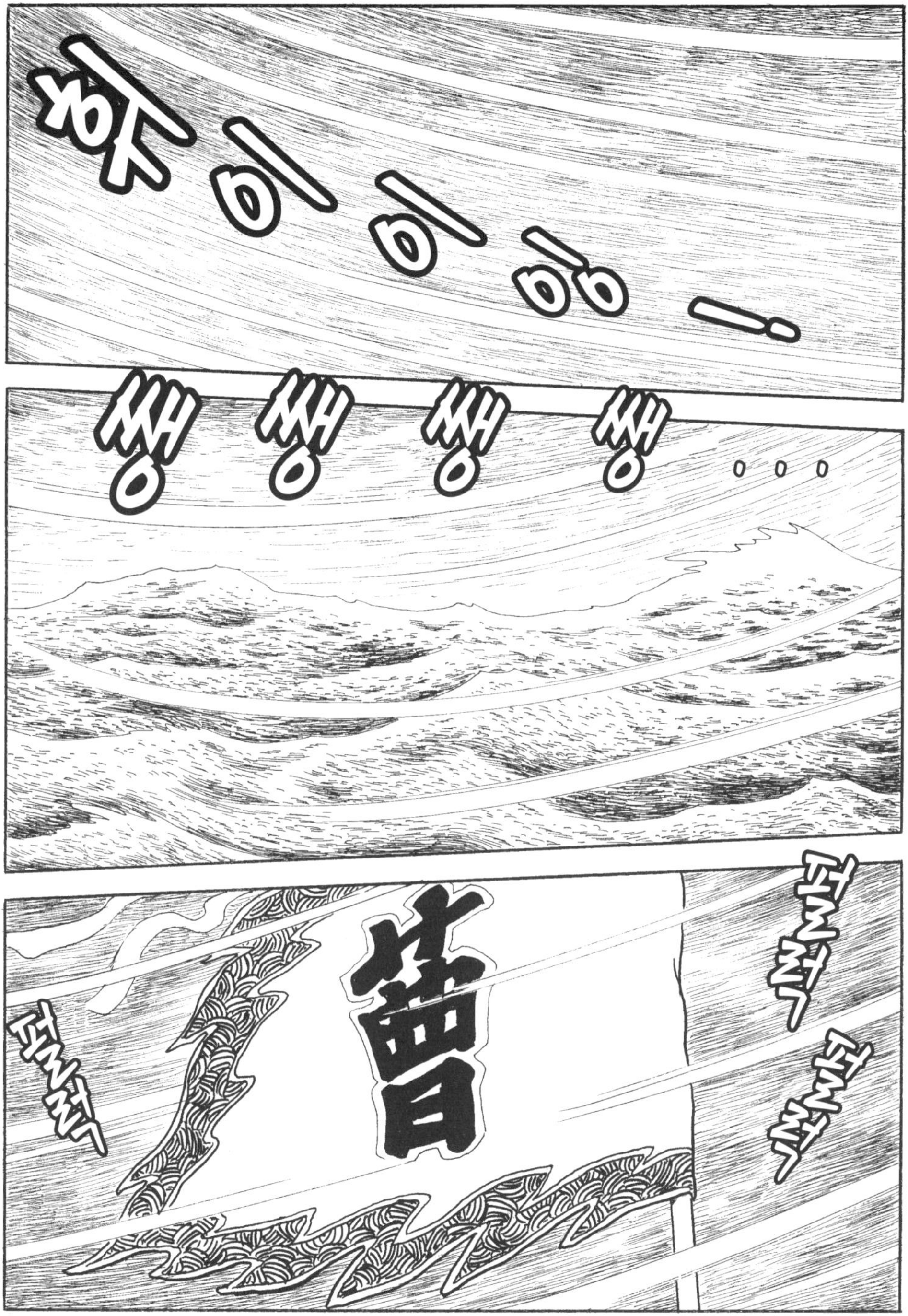
휘이이잉…!
쌩쌩쌩쌩…
曾

적선이 접근하고 있습니다!!
조조군은 숨을 죽이고 술시가 되기를 기다렸다.
승상.
오
청룡기를 세운 배가 접근하고 있습니다.
음.
모두 만반의 준비를 했겠지!!

* **모개(毛玠)** 출생연도 사망연도 미상. 자는 효선(孝先). 연주의 진류 평구(지금의 하남성 봉구현 동쪽) 출신.

저 커다란 배에는 선봉 황개의 깃발이…!!
先鋒黃蓋
모개.
밀서 내용이 맞군.
후후
하지만 승상.
저는 적이 무슨 흉계를 꾸미는 것 같습니다만….
게다가 동남풍이 이처럼 강하게….
설마
그런…!!
만일 이 바람에 화공을 당하면
막을 방도가….
승상. 오군의 배가 일제히 불을 뿜으며 접근하고 있습니다!
활활

황개가 거느린
오군의 항복선은
어유(魚油)를 잔뜩 뿌린
마른 장작을 배에 싣고
그 위에 장막을 덮어
2리까지 접근한 지점에서
불을 붙이고 돌진했다.
활활
활활

때마침 불어온 강풍에
밀어닥친 불붙은 배는
조조군의 선단에 격돌했다.
쿠콩!
쿵!
으악!

모개. 어떻게든 해봐랏!!
황개.
배를 접근시키지 마랏!!
조조.
이 황개가 네 목을 따주겠다!!
활활
활활
우리 배에 불이…!!
앗!
슝
얍!

한 놈도
남김없이
해치워라!!
조조.
죽어라!!
승상.
어서
배를 타고
달아나십시오!
으음
속았다…!!
콰광 콰광
깍!
으악!

활활 불타는
배가 격돌하자
조조의 선단은
화염지옥에
휩싸였다.
쿠 쿵
와
와
와
와
와
와

쿠광
와
와
와
와
와
콰광

와
와
와
와
쿵쿵쿵
와
와
이것이 위용을 자랑하던 선단의 모습이라니….
이게 무슨 광경이냐.

콰쾅
쿵
쿵
쿵
쿵
두두두두두

승상.
빨리 말에!
그래. 달아나자!

조조는 장료, 서황, 장합 등 장수들의 호위를 받으며 오군의 여몽, 능통, 감녕, 태사자 등의 군단을 뚫고 도망치고 또 도망쳤다. 그래서 겨우 오군의 공격을 피한 듯했다.
하하하하
승상! 왜 웃으십니까?
공명도 주유도 바보 같구나.
나라면 여기에 병사를 매복시켰을 텐데.
두두두두
헉!
두두두두두두
조조.
나는 조운 자룡.
군사 공명의 명으로 네 목숨을 가져가려 왔다!
와
와

* **서황(徐晃)** 169~228년. 자는 공명(公明). 사예의 하동군 양현(지금의 산서성 홍동현 동북쪽) 출신.
* **장합(張郃)** 출생연도 미상~231년. 자는 준예(儁乂). 기주의 하간국 막현(지금의 하북성 웅현 남방) 출신.

조운. 무슨 소릴 지껄이는 게냐!
이 서황의 칼을 받아랏!
두두두두두
조운. 나 장합이 죽여주마!!
이야압!!
어지럽게 싸울 때 갑작스런 소나기로 주위가 캄캄해졌다. 조조 일행은 그 틈을 타서 간신히 탈출했다.
쏴 쏴
쏴 쏴
이얍
얍
이야

두두두두…
자,
이릉으로
가자!
두두두…
응?
두두두두

* **이릉(夷陵)** 지금의 호북성 의창시. 장강 상류 지역, 말하자면 삼협(三峽)의 입구에 해당하는 장소로 현재 갈주댐, 그 상류에 삼협댐이 있다. 『삼국지연의』에는 이릉(彝陵)으로 표기되어 있다.

두두두두두
이놈
조조야!
장판교에선 놓쳤지만
오늘은 기필코 네 목을 가져가겠다!!
張
헉
장비다!
장비가 그렇게 대단해?!
曹
두두
두두두두두
받아랏!

승상. 이 틈에
두두두 두
험하지만 화용으로 달아나시지요.
그러지. 공명 녀석이
또 복병을 숨겨두진 않았겠지.
화용을 빠져나가면 곧 남군성.
많은 아군이 기다릴 것이다.
모두 서둘러랏!!

* **화용(華容)** 지금의 호북성 감리현 북방. 현재 이곳에는 조조가 패주했다는 7.5km의 좁은 길이 남아 있다.

조조 공.
군사 공명의 지휘에 따라 관우 운장,
여기서 기다렸다.
네 목숨도 이걸로 끝이다!
앗! 관우다!
관우는 유비군에서 가장 뛰어난 맹장이니
이 적은 수로는 싸워도 승산이 없습니다.
하지만
승상은 백마전 때
일단 항복한 관우가 의를 중시하는 것을 좋게 보고 놓아주셨으니,
의에 호소하면 어떻겠습니까?
그렇다. 정욱.

관우 공.
그대와 나는 한때 의로 맺어진 사이가 아닌가?
그렇소.
하지만 나는 그때
적 안량과 문추를 베어 의리를 지켰소.
그런데
그 뒤 유비 공에게 돌아가는 귀공을 눈감아준 게
바로 내가 아니오!?
부탁하오.
여기에서 눈감아주지 않겠소!?

유비 형님, 장비와 도원에서 의형제를 맹세한 것이 나라면 조조의 도움을 받은 것 또한 나다.
아아, 가슴이 찢어질 것 같구나….
모두
조조 공에게 길을 터주어라!

*** 관우의 고뇌** 조조에게 받은 은혜를 떠올린 관우는 괴로워하며 부하들에게 흩어지라고 명령했고, 이 틈에 조조와 부하들은 멀리 달아났다. 또한 적병들이 울기 시작하는 것을 보고 망설이던 중 옛 친구 장료가 왔기 때문에 한 명도 죽이지 않고 눈감아주었다(『삼국지연의』).

아아…
내 목숨도 이것으로 끝인가!
강하성
오늘 술은 더욱 맛있구나.

우리 군 2만이
오나라 손권의 대군과 손잡고
조조군 백만을 격파했으니까요.
게다가 공명 선생의 계략대로
관우 형님이 조조의 목을 가져온다면
한실의 부흥도 꿈이 아니오.
왓핫핫
관우 장군이 돌아 왔습니다.
오!

어
관우 공…?
형님.
조조의 목을 베지 못했소?
저는 이 목숨에 내일은 없다고 결정하고 돌아왔습니다.
조조가 화용에는 오지 않았나?
공명 선생이 말한 대로 왔습니다.
그럼 너는 역시
조조에게 받은 은혜를 생각해서…!
흑
흑흑!!

그때 너는 조조에게 무릎을 꿇으며
내 가족을 지켰다….
저는 조조를 눈앞에 두고
길을 터주고 말았습니다.
참수를 당해도…
이 죄를 속죄할 순 없다고 생각합니다!!
관우 공의 심정을 나 또한 모르는 바 아니오.
그러나 우리 군의 규율을 깨뜨릴 순 없소!
내 목을 베시오!
공명 선생!
그럼 주공.
칼을 빌려 주십시오.

슝
형님….

제29장 형주 쟁탈(1)

공명 선생!
나와 관우, 장비 세 명은
이십 수년 전 도원에서 의형제를 맺을 때, 태어난 때는 다르지만
죽을 때는 같이 죽자고 맹세한 사이요.
조조의 목을 베지 못한 관우의 죄는 용서할 수 없으나
관우가 죽으면 우리 둘도
아무렇지 않게 살아갈 수는 없소!!
관우는 당대 최고의 맹장,
반드시 이 죄 갚음은 해줄 터….
공명 선생. 오늘은 관우의 목숨을
우리 둘에게 맡기지 않겠소?

관우 공. 일어나시오.
실은 주공과 장비 공의 그 말을 기다리고 있었습니다.
모두!
다시 맹세하자.
그럼
다시 조조를 쳐서
한실을 부흥시킬 것을 맹세합시다!
음.

건안 13년(208년),
장강 유역을 붉은 피로 물들였던
적벽대전은 끝이 났다.
그러나 유비·조조·손권의
진정한 싸움은
이제부터 시작이었다.

유강구의 작은 성

劉

조조는 허도로 돌아갔지만
우리 군은 아직 떠돌이네.
자, 어떻게 할까?

뿌리를 내리기에 적합한 곳은 이 형주인데
어떻게 하면 좋겠소?
주유가 형주를 노리고 진격해 올 게 분명하고,
남군성에는 조조군의 조인이 들어앉아
형주를 노리고 있습니다.
벌써 왔군.
공명 선생, 어찌하면 좋겠소?
제 전략은 어부지리 입니다.
그러면 머잖아 양군이 격돌하는 거요?
대군을 이끌고 온 주유와 노숙,
두 사람이 주공을 뵙기를 청합니다.

* **유강구(油江口)** 지금의 호북성 공안 북방. 유강(유수)과 장강이 합류하는 지점에 있어 이런 이름이 붙었다. 적벽대전 후 유비가 주둔해 지명을 공안으로 바꿨다.

어부지리?
우리 군은 아직 세력이 약하오.
그러니 조조라는 늑대,
손권이라는 호랑이가 형주를 두고 싸울 때
성을 빼앗는 것이 상책이지요.
주군.
제게 이 대응을 맡기시겠습니까?
뜻대로 하시오.
주유 공과 노숙 공이 도착했습니다.
들여 보내라.
힐끗

* **어부지리(漁父之利)** 분쟁을 이용해 제3자가 이익을 얻는 것. 황새와 조개가 다투는 틈을 타서 어부가 황새와 조개를 다 잡았다는 『전국책(戰國策)』의 고사가 출전이다.

주유 공.
적벽의 승리를 축하하오.
고맙소.
그런데 조조를 패주시킨 주 세력은
오군이었다는 사실을 잊지 마시오.
와
하하
공명 선생의 지혜도 어느 정도 빌렸지만….
우선 승리를 축하하며
건배 합시다.
좋습니다.
건배!

* **주유와 노숙의 방문** 손건(孫乾)이 승전 축하를 하러 주유 진영을 방문했을 때, 주유는 유비가 유강구에 주둔해 있다는 말을 듣고 놀랐다. 옆에 있던 노숙이 이유를 묻자 주유는 "유비는 남군을 가로챌 속셈이다. 내가 살아 있는 한 그렇게 두지 않을 것이다" 하고 성내며 직접 담판에 나선 것이다(『삼국지연의』).

사실 여기로 진군한 것은
남군성을 시작으로 형주를 손에 넣으려는 게 아니오?
훗
아닙니다. 저희는 귀공이 형주를 취하도록 도움을 드릴 생각입니다.
후후
그게 진심이오?
물론!
하지만 귀군이 취하지 못하면
사양 않고 저희가 취할 생각이….
아니, 나는 형주를 순식간에 손에 넣을 작정이오.
실패하거든 부디 뜻대로 하시오.
지금 그 말씀,
잊지 마십시오.
잊지 않겠소.
그럼
노숙, 갑시다.

앞으로 오군과 위군의 결전이 시작될 것입니다.
우리 군은 이 싸움엔 한 명도 안 내보내고 형세를 볼 것입니다.
그사이 반드시 빈 성이 나타날 것입니다.
아니면 계략으로 빈 성을 만들어 차례로 빼앗을 것입니다.
당장의 목표는 남군성,
다음은 형주성, 양양성 이렇게 세 성이오.
이 세 성을 빼앗으면
형주 공략의 큰 발판이 될 것이니
내 지시대로 일사불란하게 따라주십시오.
좋다, 하자!
합시다!
너는 한 부대를 이끌고
양군의 전황을 계속 보고해라!
예, 공명 선생님.

남군성
와! 와! 와!
나와랏!!
조인.
좋다!
오군을 쫓아버려라!!

우-와
이얍!
컥!
와-
양군은 어지럽게 싸웠고, 조인 세력이 점점 밀렸다.
한당과 주태, 성으로 돌격한다!
성이 비었다!
두두두두두
적이 만만치 않다.
형주, 양양 두 성에 전령을 보내 응원을 요청해라!!
싸움이 이어졌고, 성벽 위에서 인적이 사라졌다.
曹
曹
曹

휙
지금 이다!
헉!
주유를 노려랏!!
피융
피융
피융
피융
피융
으악!
푹
피융
속은 건가!?

* **한당(韓當)** 출생연도 미상~227년. 자는 의공(義公). 유주의 요서군 영지(지금의 하북성 천안 서방) 출신.

두두두
두두두
주유를 생포하라!!
주 도독을 구해라!!
한당은 우금 세력을 물리치고 주유를 구출해서 달아났다.
의사를 불러라!

* **주태(周泰)** 출생연도 미상~225년 무렵. 자는 유평(幼平). 양주의 구강군 하채(지금의 안휘성 봉대) 출신.
* **우금(于禁)** 출생연도 사망연도 미상. 조인의 부하. 강릉에서 3백 명의 군사를 이끌고 수천의 주유군과 싸웠다. 적에게 포위되었을 때 조인이 구출했다(『삼국지』「위서 조인전」).

악!
으악!!
뺐습
니다.
몸에 남은 화살촉은 끌로 뺐습니다.
주 도독.
이건 독화살입니다.
싸움은 잊고 회복에 전념하십시오.
이까짓 상처, 나는 괜찮소.
주유는 죽었을 것이다.
오군을 뭉개버려!!

와
쏴쏴쏴
쏴쏴쏴
주유가 여기 있다!
조인의 목을 베라!!
뭐!?
와 와
와 와
와 와
오와 위 양군의 격투는 이레 동안 계속되었다.

공명 선생.
남군성을 빼앗을 때가 됐습니다.
조운 장군, 병사 5천을 이끌고 남군성을 빼앗으시오.
부탁 하오, 조운!
옛!
조인은 중상을 입은 주유를 쫓아 남군성을 비우고 공격 중입니다.
알았다.

남군성을 취하라!
오
남군성이다. 모두 진군하랏!
두두두두
주 도독의 용기를 따르라!

*** 주유의 계략** 주유는 강릉을 둘러싼 싸움에서 부상을 입자 조인을 속이기 위해 일부러 자신이 죽은 것처럼 꾸민 뒤 병사들에게 애도하는 소리를 내게 하고 상기(喪旗)를 세우게 했다. 조인은 이 기회에 오나라 진영을 급습했다가 심하게 당하고 양양으로 달아났다(『삼국지연의』).

뭐냐, 저건?
조…라면 유비군의 조운을 말하는 건가?
저건?!
오군의 총대장
주유 공에게 말한다!

조운,
거기서
뭘 하냐?
즉각
성을
비워라!!
바보
같은
소리!
이 성은
조인을
쫓아버린
나의 것이다!!
아니오
남군성이
비어
있어서
내가
차지한
것이오.
이해해
주시오!
趙
주유 공.
지난번
교섭에서도
오군이
취하지 못하면
우리 군이
갖겠다고
분명히
말했잖소.
으….
억지
주장을!

* **형주 쟁탈의 사실(史實)** 『삼국지연의』는 주유와 공명이 지모(智謀)로 형주를 쟁탈하는 것으로 그리고 있으나 사실은 크게 다르다. 유비군은 강릉과 북부 양양 등을 빼앗은 사실이 없다.

억지 주장이 아니오.
오군 대표 귀공과 유비 공과 내가 굳게 약속한 것이오.
덧붙여 말하면,
비어 있던 형주성은 우리 군 장비가 접수했고,
또 비어 있던 양양성도 관우가 접수했소.
주유 공.
불복은 없겠지요?
욱신
윽….
으윽
주유 공.
우리 군에 훌륭한 의사가 있으니
천천히 치료하고 가시는 게 좋겠소.
으….
이미
네놈들은 더 이상
우리 오군 편이 아니다.
적이야!

한당, 가자!
그런 말을…. 함께 조조군을 쳐부순 동지잖소.
아니
나 주유는 죽어도 적에게 치료를 받지 않겠다.

제30장 형주 쟁탈(2)

형주성
공명 선생의 책모로 먼저 남군성, 형주성, 또 양양성 세 성이 우리 것이 됐다.

* **유비의 남진(南進)** 주유와 조인이 강릉을 둘러싸고 싸움을 벌이는 동안 유비는 공백 지대가 된 형주 남부의 공략에 착수한다.

자
앞으로 어떻게 할 것인지가 과제다.
세 성은 어디까지나 형주 공략의 거점이오.
이 기회에 단숨에 영토를 확장해야 겠는데,
공명 선생의 생각은 어떻소?
관우 공과 같은 생각입니다.
오의 주유는 보신 대로 중상이고,
위의 조조, 조인도 큰 패배로 한동안 움직일 수 없을 겁니다.
이 좋은 기회에 형주의 남쪽 반은
우리 진영으로 가져올 생각입니다.
남쪽의 반…?
촤악

여기
장사,
무릉,
영릉,
계양까지
4군
입니다.
무릉
장사
영릉
계양

이 정도
손에
넣으면
천하
삼분에는
미치지
못해도
5분의 1
정도는
될 겁니다.

***4군 공략의 진언(進言)** 『삼국지연의』에서 유비는 강릉을 손에 넣은 뒤 어떻게 유지하면 좋을지를 공명이 추천한 지역의 명사 마량(馬良)에게 묻는다. 마량은 유표의 아들 유기를 형주 자사로 삼도록 표(表)를 올려 민심을 안정시킨 뒤, 무릉(武陵)·장사(長沙)·계양(桂陽)·영릉(零陵) 4군을 공격해 취할 것을 유비에게 진언했다.

지금 오나라 노숙 공이 오셨습니다.
뭐, 노숙이…?
역시 왔군.
주공.
노숙이 무슨 말을 할지 압니다.
맡겨 주십시오.
좋소.
들여 보내라.
여러분, 건강하시니 다행입니다.

* **노숙의 방문** 눈앞에서 남군성을 빼앗긴 주유는 "우격다짐으로 성을 빼앗겠다"고 격노했으나, 노숙이 "지금 유비와 싸우는 것은 조조의 생각대로 되는 것이니 반환을 요구해 받아들여지지 않으면 실력 행사를 하라"고 설득하고 교섭하기 위해 유비를 방문하게 된다.

주유 공의 상처는 좀 어떠하오?
한동안 안정을 취해야 합니다.
오늘은 유비 공께 꼭 부탁드릴 일이 있어 왔습니다.
무엇이오?
남군, 형주, 양양 세 성에 대한 것인데….
주유 공은 세 성을 반드시 돌려주기를 바라고 있습니다.
허어!
왜 그렇소?
적벽대전에서 조조를 물리친 것은 대부분 우리 오나라의 힘이었지요.
그러니 형주는 우리 것이 당연하다고….
의외의 말씀이군요.

형주는 원래 돌아가신 유표 공의 영토이니
장남인 유기 공이 이어받는 게 당연하지 않습니까?
그건 억지요.
유기 공은 강하에 있을 터, 그 이름을 빌려 유비 공이 눌러앉으면 혼란을 틈타 도둑질하는 것 같은 행동이오.
흘려들을 수 없는 말이군요.
만약 여기에 유기 공이 있다면 어쩔 겁니까?
설마….
조운 공.
유기 공을 모셔와 주시오.

노숙 공.
잘 오셨소.
오랜만입니다. 어린 주군.
저는 감기 기운이 있어서
그만 실례하겠소.
공명 선생의 말은 알았습니다.
하지만
유기 공에게 무슨 일이 생기면
형주는 꼭 오나라에 반환해 주시오!
후에 그런 일이 생기면
그때 다시 의논합시다.
약속했습니다.
그럼 저는 이만….

* **유기의 병상(病狀)** 노숙이 유기가 죽으면 형주를 돌려줄 것(돌려줄지도 모른다)이라는 언질을 받고 돌아간 이유는 "유기는 병색이 짙고 병이 깊어 반년도 살 수 없을 것"이라는 판단에서였다(『삼국지연의』). 실제로 유기는 적벽대전 얼마 뒤에 죽었다.

장사성
저 장사성의 대장 한현은 최악이오.

*** 한현(韓玄)** 출생연도 사망연도 미상. 『삼국지』「촉서 선주전」에는 장사 태수를 맡고 있었으나 적벽대전 후 유비에게 항복했다고만 기록되어 있다. 관우에게 저항했다거나 위연(魏延)에게 목숨을 잃었다는 내용은 창작이다.

강한 장수는 노장 황충뿐,
게다가 그는 은의가 두터운 무장이오.
관우 공.
황충에게 인정을 베풀며 싸우면
장사성은 반드시 함락됩니다.
알겠습니다.
모두 출진!
두두두두...
황충 장군.
나 관우와 승부하자!
바라는 바다!

쑥
휘청
찡
깡
챙
황충 장군.
말을 바꿔 타고 오시오!
온정에 감사하오!

두두두두
기다리게 했군!
이얍!
챙
깡
얍!
이야압!
뚝
헉!

* **황충(黃忠)** 출생연도 미상~220년. 자는 한승(漢升). 형주의 남양군(지금의 하남성 남양시) 출신.

그걸로는 승부를 제대로 낼 수 없지.
검을 바꿔 다시 하는 게 좋겠군!
관우 장군. 귀공은 정이 두터운 무장이구려.
잠시 기다려 주시오.
두두두
韓
韓

어째서냐, 황충!
한현 공…!
그대는 검보다 화살의 명수
그런데 화살을 한 대도 안 쏘다니
적과 내통하고 있는 게 아니냐!?
한현 공. 무슨 말입니까?
관우는 천하의 명장,
활로 쏘아 죽일 수는 없습니다.
나를 거역하면 용서 못한다.
여기
황충을 잡아서
베어랏!!
뭐라고!

* **위연(魏延)** 출생연도 미상~234년. 자는 문장(文長). 형주의 남양군 의양(지금의 하남성 동백현 동쪽) 출신.

그렇다!
황충 장군이야말로 우리 성의 무장이 아닌가.
옳소!
이 나쁜 관리!
부하를 못 믿겠단 거냐!?
성큼성큼
나 위연도 모두의 의견에 찬성한다!
댕강
슉

나도 그리 !각하오.
이렇게 됐으니 함께 유비 공, 관우 공에게 가지 않겠습니까!?
황충 장군.
우리 모두 한현의 횡포를 견딜 수 없었습니다.
모두 어떤가!
찬성 ―이요!!

우리는 의가 두터운 유비군에 항복합니다.
장사성을 넘기겠소.
받아 주시오.
감사히 받겠습니다.
황충 장군의 싸움 실력에
저 관우, 대단히 감탄했소.
모두
앞으로는 유비군의 휘하에서
한의 도적 조조를 쓰러뜨리기 위해 함께 힘을 다해주시오.
조운이 계양성을 함락시키고 장비가 무릉성을 함락시키면서 먼저 영릉성을 함락시킨 유비군은 형주 대부분을 다스리게 되었다.

*** 유비에게 항복하는 황충** 『삼국지연의』에 따르면 한현이 죽임을 당한 뒤 황충은 집에 틀어박혔다. 관우가 장사성을 제압한 뒤 장사성에 온 유비가 직접 황충의 집을 방문해 출사(出仕)를 요청하자, 황충도 마지못해 이에 응해 유비를 섬기게 되었다.

조조군과 손권군이 싸우는 틈을 타서 어부지리를 얻으려는 제갈공명의 전략은 멋지게 들어맞았다.
형주성
주공이 부르십니다.
노숙이 또 왔다고 합니다.
알았다. 바로 가마.
유비 공.
우리 군이 조조와 싸우는 동안
또 형주 남쪽의 네 성을 함락시켰다고 들었습니다.
그렇소.

후후후
전에 방문했을 때는 형주의 주인으로
유표 공의 장남 유기 공을 앞세우셨지요.
하지만
유기 공이 지난달에 돌아가셨다고 하던데,
그럼 이제 형주를 오나라에 돌려주겠지요?
유기 공은 분명 돌아가셨소만
전 주인 유표 공은 우리 주공과 혈연관계요.
조카가 죽은 뒤,
숙부인 유비 공이 뒤를 잇는 게
뭐가 이상하단 말이오?
우리 주공은 한실 중산정왕의 후예요!
이치는 알겠소.
그렇다면 혹시 오나라 주유 도독이 유비 공을 본격적으로 공격해도
형주를 돌려주지 않을 생각이오?
우리 군이 주유 공을 두려워한다고 여긴다면
당치 않소.
다만
오나라 사자 노숙 공의 체면을 세울 계책은 있소이다.
허
그것은 무슨…?

우리 주군이 근거지로 삼을 땅을 손에 넣으면
형주를 돌려 드리겠소.
그 땅이 대체 어디요?
촉, 그러니까 익주요.
지금 촉을 다스리는 유장은 어리석어 백성의 원성이 자자합니다.
촉을 얻으면 형주를 반드시 돌려드릴 것입니다.
정말 이오?
맹세의 편지를 드릴 테니
주유 공의 승낙을 얻어 주시겠소?
노력해 보리다.
그럼
노숙 공. 다시 한번 건배합시다.

시상성
공명 놈이 그런 말을 지껄였다고!
촉을 손에 넣으면
형주를 돌려준다고 합니다.
공명과 유비,
이 너구리 같은 녀석들을 죽여야 속이 시원하겠소.
저도 속이 뒤집힙니다.
옳지!
좋은 생각이 있소, 노숙.

손권 공의 여동생을 주겠다고 해서 녀석을 불러들입시다.
유비의 아내가 전에 죽었지.
무슨…?
혼인은 구실일 뿐
아니
그리고 유비가 응할지도 모르겠군요.
하지만 손권 공과
여동생이 뭐라고 할지….
여동생을 미끼로 쓰면
유비도 올 수밖에 없을 것이오.
불러들인 다음,
녀석을 죽이고 형주를 빼앗는 거지.
그럼 주공에겐 내가 말하겠소.

* **유비와 손권** 『삼국지』「촉서 선주전」에 따르면, 손권은 형주 남부를 제압한 유비를 두려워해서 여동생과 혼인시켜 동맹관계를 강화했다고 한다. 유비는 나중에 손권의 근거지로 갔는데, 여기에는 남군(南郡)을 빌려달라고 부탁하려는 다른 목적이 있었다.

뭐?
여동생을 미끼로 쓰라니?
계획이 성공하면
형주는 주공의 것이….
후후
그거 재미있군.

여기에는 손권이 나를 시상에 초대해
여동생과 맺어주고 싶다고 쓰여 있소.
뭔가 음모가 있는 듯하군.
혼인을 구실로 주공을 불러들여
죽이려는 주유의 모략이지요.
하지만 주유의 계책을 막을 자신이 있습니다.
그렇다면 시상으로 가겠소.
관우 공에게 호위를 부탁하시지요.
음
좋소.

제31장 주유 죽다

감로사
손권 공.
초대를 받고 찾아뵈러 왔습니다.

* **감로사(甘露寺)** 강소성 진강시 북동의 북고산 위에 있는 유명한 절. 265년에 건립되었다고 하며, 그 후 파괴와 재건이 반복되었다. 북고산은 진강만에 면한 경승지로 양무제(재위 502~549년)는 '천하제일의 조망'이라고 칭송했다.

유비 공. 잘 오셨소이다.
이쪽이 여동생이오.
부디 잘….
사사사삭 사사사…
유비 현덕입니다.
처음 뵙겠습니다.
…사 사 사 사 사

유비 공, 공명 선생.
오늘이야말로 그 목숨을 가져가겠소!!
오라버니.
이게 무슨 일이에요!!
형주를 빼앗으려면 이 계책밖에 없었다.
용서해라!
그렇게 마음대로 되겠소?
손권 공!
착

어느 틈에!
이것은….
이…!
사삭
쑥
이미 알고 있었소!!
이렇게 나올 줄
우리가 간파하지 못하리라 여겼소!?
주유 공의 모략을
이것은 혼례식의 좌흥을 돋우기 위한 것이오.
유비 공.
손권 주공.

우리나라 혼례의 좌흥이요.
그렇소.
후후후
유비 공. 그렇지요?
우리도 귀국의 좌흥에 호응했을 뿐이오.
그렇소
관우!
모두 활을 거두게 하라!
와하하하

*** 유비와 손부인** 『삼국지연의』에서는 서로 사모하고 사랑하는 사이좋은 부부로 그려져 있으나, 실제로는 정략결혼으로 정사 『삼국지』에는 손부인이 손권의 여동생이라는 것을 내세워 거만하게 굴고 하고 싶은 대로 했다는 기술이 있다.

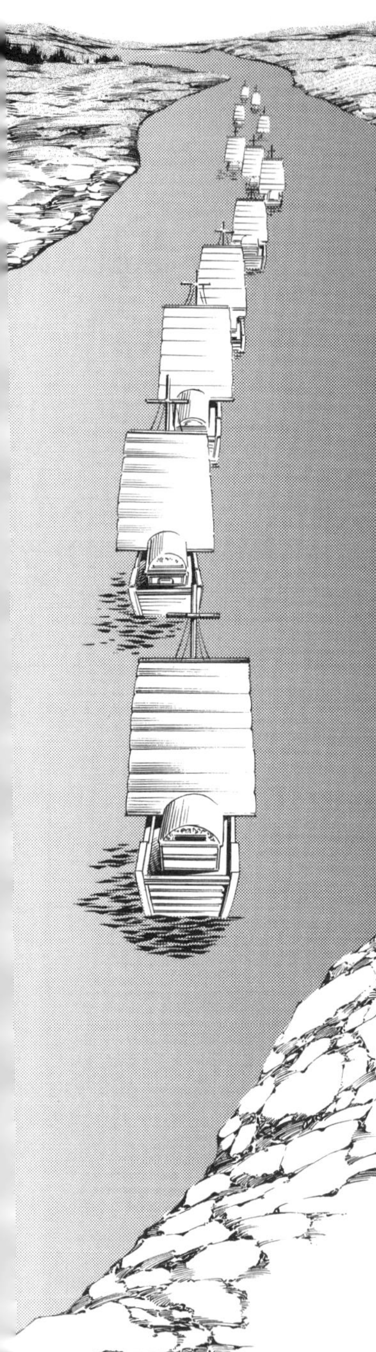

아무튼
유비 공.
내 여동생을 잘 부탁하오.
어머
오빠도 참….

그런데 나같이 오십 다 된 세련되지 못한 사내라도 괜찮겠소?

어머
저는 남자다운 분이라면
나이는 상관없어요.

* **남자다운 분이라면** 혼인을 제의하기 위해 유비를 방문했던 여범(呂範)은 손부인이 평소부터 "천하의 영웅이 아니면 시집가지 않겠다"고 말했다고 소개하고 있다(『삼국지연의』).

유비 님.
앞으로 잘 부탁드려요.
음
그대 같은 여장부를 아내로 맞아
마음이 든든하오.
어머
무예 좋아하는 시녀들을 잔뜩 데려왔다고
놀리는 건가요?
그런 일은 신경 쓰지 않소.
그보다 내가 손권 공과 친척이 됐으니
형주를 위해 힘써주시오.
물론 이죠.
후후

*** 무예 좋아하는 시녀들을…** 손부인의 침소를 찾은 유비는 무장한 시녀들을 보고 깜짝 놀랐다. 손부인은 어린 시절부터 무예를 좋아해서 시녀들에게 시합시키는 걸 즐겼다고 한다. 정신이 사나우니 무기를 치우라고 하면 손부인은 "전쟁터에서 반평생을 보냈으면서 무기가 무서우세요?"라며 웃었다(『삼국지연의』).

형주성
오나라에서
노숙 공이 오셨습니다.
잘 오셨소.
노숙 공.
오냐.
곧 가겠다.

신혼 중인데 죄송하지만,
주유 공이 급히 의논하고 오라 해서….
우리와 오는 이미 형제 같은 사이니
신경 쓰지 마시오.
실은 촉, 그러니까 익주의 일로 왔소.
이전 회담에서 공명 선생에게
촉을 손에 넣으면 형주는 오에 돌려준다는 맹세의 글까지 받았소.
그래서
오는 촉을 어떻게 할 생각이오?
오가 촉을 빼앗아 유비 공에게 드리고
형주는 오에 돌려주는 것이 어떨지….
그것을 위해 오군이 형주를 통과한다….
군세는 어느 정도요?
10만 남짓이오.

＊노숙의 방문 형주 반환을 담판하러 온 노숙 앞에서 유비는 "익주를 얻으면 형주를 돌려준다고 했지만, 익주의 유장은 동족이라 공격할 수가 없다. 그렇다고 해서 형주를 돌려주면 몸 둘 곳이 없다"고 울며 애원했고, 사람 좋은 노숙은 이에 속아 돌아갔다.

12월 중순일 것이오.
주유 공의 군대는 언제쯤 지나가오?
다만
노숙 공의 제안을 받아들이리다.
그럼 저는 이만….
귀공의 말이 틀림없겠지요?
물론 이오.
우리 형주를 공략하는 것이지요.
주유의 계략은 촉을 공격하는 것처럼 꾸며
후후
주유는 형주를 공격할 생각이…?
노숙이 하는 말을 믿을 수 있겠소?
공명 선생.

* **주유의 계략** 『삼국지연의』에서 공명은 익주를 대신 공격한다는 주유의 제안을 '길을 빌려 괵(虢)을 멸하는(춘추전국시대에 진晉은 우虞를 지나 괵을 공격하고 또한 우를 공격해 멸망시켰다)' 계략이라고 간파했다.

주유군 10만과 싸우면 이길 수 있을까요?
주군 이하 모든 장군이 제 작전에 따라주시면
필히 이깁니다.
안심하십시오.
또한 노숙은 오군이 형주에 도착하는 날짜가 12월 중순이라 했으나,
기습공격을 꾀해서 11월 하순에 올 겁니다.
서에게 명해
오의 무기, 식량 준비 등을 시시각각 보고하게 하겠습니다.
제군!
내 작전에 따라 서둘러 오군에 대비해주시오.
옙!
주유, 두고 봐라!
형주성

주유군의 전쟁 준비는 기마군 8만, 수군 2만,
병량 치중차 약 500대로 주력군은 11월 27일쯤 형주에 도착할 예정입니다.
공명 선생님의 예상대로요.
후후
수고했다, 서야.
하하
드디어 전쟁 인가!
오랜만에 몸 좀 풀겠군.
조운 공. 준비는 완벽하게 되었소?
완벽 합니다.
관우 공은 남군에서,
장비 공은 양양에서,
황충 공은 공안에서 형주성으로 향하고 있습니다.
게다가
위연이 유격대로 참가하면 주유군은 독 안에 든 쥐,
승리는 확실합니다.

유비 공, 계시오!
오늘은 촉 원정에 앞서 인사하러 왔소.
주유 공.
잘 지내는 것 같소.
수고가 많소.

* **촉(蜀) 원정** 익주로 출병할 때 손권은 자군뿐만 아니라 유비에게도 출병을 촉구했다. 스스로의 힘으로 촉을 차지할 생각이었던 유비는 이를 거절했다.

주유 공.
그런데
기마병을 주력으로
촉을 공격하다니 이상하지 않소?
무슨 말을 하고 싶은 거요?
촉은 장강의 험지.
무협, 구당협, 황우협을 거슬러 올라야만 공격할 수 있는 먼 나라요.
그런데 귀군에는 수군이 너무 적소.
기마병으로 강을 진군할 생각이오?
게다가 12월 중순에 통과한다고 들었는데,
어째서 이렇게 빨리 온 것이오?
…!
배는 저쪽에서 준비할 생각이오.
또한 시기가 다소 어긋났다고 무슨 문제겠소!

* **장강(長江)** 중국 최대의 하천. 이릉(지금의 호북성 의상시)보다 상류의 백제성이 있는 어복(지금의 중경시 봉절)까지는 삼협이라 불린다. 양쪽 기슭에는 깎아지른 듯한 절벽이 우뚝 서 있고 흐름도 급한 험하고 가파른 곳이었다. 삼협을 빠져나가면 강주(지금의 중경시), 더 거슬러 올라가면 익주의 치소(治所), 성도(지금의 사천성 성도시)에 다다른다.

모두 진격하라!!
또 하나,
촉을 공격한다면 지금의 식량으로는 부족할 터…!
그렇다면 주유 공은
우리 형주를 공격해 빼앗으려는 속셈 아니오?
우하하하
이제 안다 해도 늦었다.
형주를 한 달도 안 되는 기간에 함락시키겠다!
형주성의 적은 기껏해야 5천
우리 군은 8만이다!
돌진!!
와아

피융 피융
피융 피융
주 도독.
왼쪽에서는 관우군과 황충군, 오른쪽에서는 장비군,
후방에선 위연군이 노도처럼 밀려옵니다.
두두두두두
정봉, 감녕!
한번 주물러 줘라!!
노숙.
병사를 세 갈래로 나눠서 무찔러라!!
예! 알겠습니다.

* **정봉(丁奉)** 출생연도 미상~271년. 자는 승연(承淵). 양주의 여강군 안풍(지금의 안휘성 곽구현 서쪽) 출신.

우오오
이거나 먹어랏!!
멍청한 오군들아!
와–
피라미들은 볼일 없다.
주유는 어디 있느냐!!
와–
와!
두두두
와–
와–
와–
8만의 위용을 자랑하던
주유의 기마군은
공명의 전략에
농락당하면서도
한 달을 버텼다.

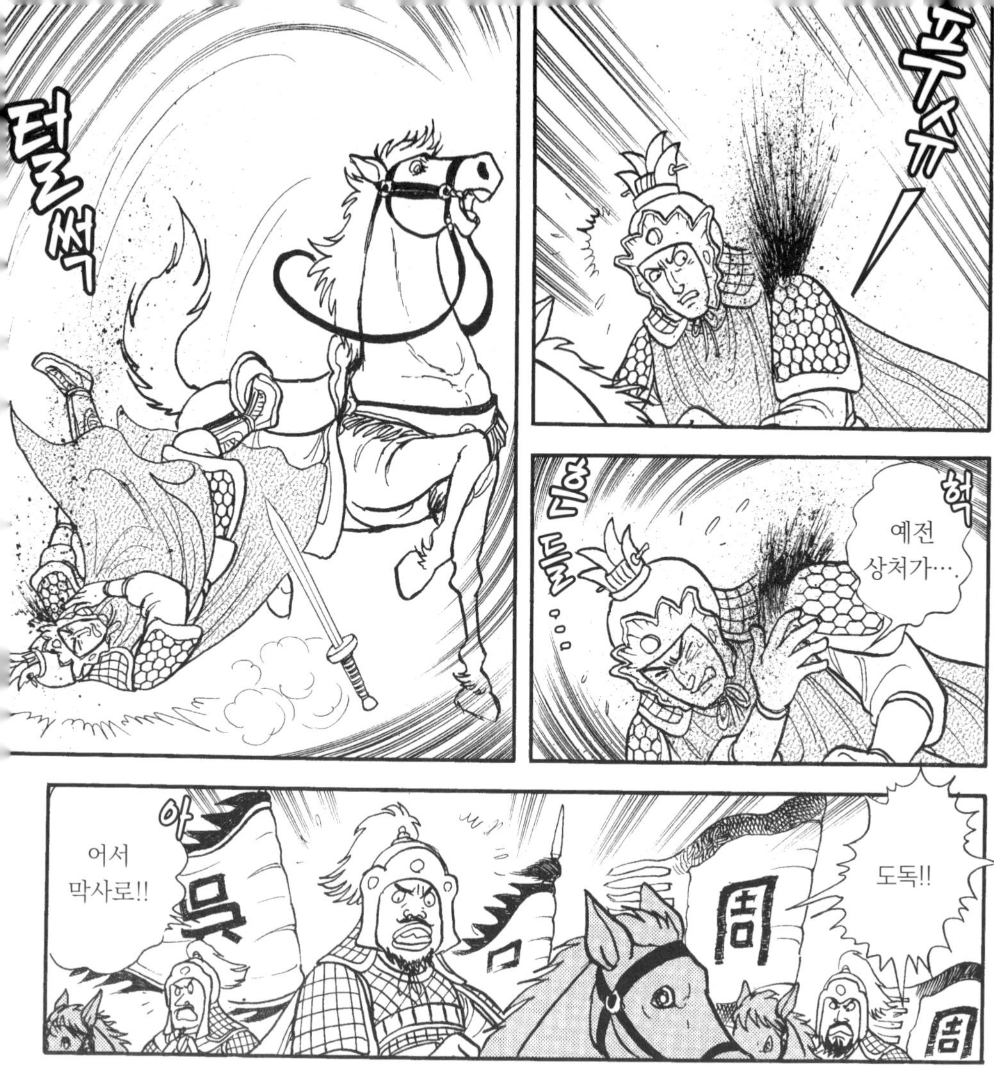
털썩
푸슈
헉
예전 상처가….
아
어서 막사로!!
도독!!

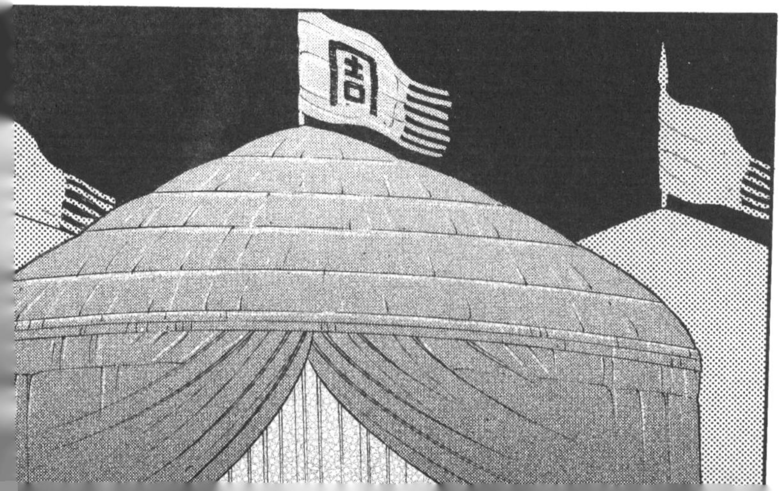

화살에 맞아 생긴 예전 상처가 악화되어, 폐까지 썩게 만들고 있었다.

노숙… 부탁하오.
아니오. 내 명은 내가 잘 아오.
상처는 회복될 것입니다. 기운내십시오.
노숙, 써주시오.
손권 님께 유언을 남기겠소.
내 목숨도 여기 까지요.
우윽!
노숙,
내 도독직은 귀공이 계승해서
오를 번영시켜 주시오.
이걸로 됐소.
그럼
서명을….
예.
있는 힘을 다해….

같은 시기에 공명을 낳았단 말인가….
나는 공명에게 졌다….
하늘은 나 주유를 태어나게 했으면서…
왜…
건안 15년 12월 3일, 주유는 36세의 젊은 나이에 숨을 거두었다.

제32장 또 한 명의 군사

시상성
주유는 후임으로 그대를 추천했소.
노숙, 오를 잘 지켜주시오.
예.
주공.
주유 공의 서거는 안타깝기 짝이 없습니다.
한쪽 팔이 떨어져나간 것 같구나….
아아

* **시상성(柴桑城)** 시상은 지금의 강서성 구강시. 『삼국지연의』에서는 손권이 시상에 본거지를 마련한 것처럼 그렸으나, 실제로는 장강 하류의 경성(지금의 강소성 진강시)이 본거지였다.

다만
지금 오의 군사로
공명의 형 제갈근 공이 있을 뿐이니
군사를 한 명 더 추천하고 싶습니다.
그게 누군가?
방통 사원 입니다.
방통은 와룡으로 불리는 공명에 견주어
봉추라고 불리는 재능의 소유자로
적벽대전에서도 연환계를 써서
오나라를 대승으로 이끈 사내입니다.
이름은 들어봤네.
좋소. 만나 보리다.

* **주유의 후임** 주유는 병이 깊어지자 손권에게 보낸 편지에서 "노숙은 충렬하고 맡은 바 임무를 확실히 하니 제 후임으로 삼아야 합니다"라고 유언했다. 주유가 죽은 뒤 손권은 노숙을 분무교위에 임명하고 군을 지휘하게 했다(『삼국지』「오서 노숙전」).

주공.
이쪽이 방통 사원 공입니다.
잘 알아 보시지요.

귀공은 어떤 학문을 했소?
이렇다 할 학문은 없습니다.
주유와 견주어 어떻게 생각하시오?
그런 건 생각한 적도 없습니다.
그건…
뭐
생각해 보겠소.
일단 물러가시오.

*** 일단 물러가시오** 손권은 방통과 대면했을 때 한 번 보고 내심 불쾌했다. 방통의 용모가 너무도 볼품없었기 때문이다. 그래서 적당히 질문하고 방통을 물러가게 했다(『삼국지연의』).

주공은 방통 공이 마음에 들지 않으십니까?
뭐요?
저게 군사의 얼굴인가?
저 빛나는 눈은 보통 사람이 아니라고 생각합니다.
사람은 겉모습이 다가 아니지요.
식초에 절인 무 같은 사내 아닌가?
무슨!
지혜가 귀공의 반도 안 되는 걸로 보이는구먼.
내겐 필요 없소.

*** 방통의 사관(仕官)** 『삼국지연의』에서 노숙이 앞으로의 거취를 묻자 방통은 "조조에게 가겠다"고 말했다. 그러자 노숙은 "명옥(名玉)을 어둠에 던져버리는 것 같다"고 안색을 바꾸고 반대하면서 유비에게 갈 것을 권했다.

팔랑
팔랑
에-취
에취!
오
노숙 공.
아까는 헛수고를 하게 해서 미안했소.
결과를 예측했소?
아, 손권 공과는 인연이 없는 듯하오.
앞으로 어쩔 셈이오?
뭐
당분간 잠이나 좀 자겠소.

그런데
선생의 큰 재능을 놀릴 만큼
세상은 그렇게 평탄하지
않소.
귀공은 유비 공 휘하에서
일해볼 생각이 없소?
유비 공은 지금 오나라와 적이 되지 않았소?
예.
하지만 나는 주유 공과는 생각이 조금 다르오.
언젠가 유비 공과 손잡고
조조를 치고 싶소.
하지만
유비 공에게는 공명 선생이 있잖소?
그에 대해서는 잘 알고 있소.
유비 공은 지금 촉을 노리고 있으니.
공명 선생만으로는 부족할 터,
내가 소개장을 써줄 테니
만나보지 않겠소?
귀공이 권하니 그렇게 할까요?
유비 공은 손권 공보다
도량이 넓을 테니.

* **노숙의 소개장** 방통은 노숙 외에 주유의 장례식에 참석하기 위해 강동을 방문한 공명에게도 소개장을 받았으나, 유비와 면담할 때는 이를 보여주지 않았다. 유비도 손권과 마찬가지로 방통을 외모만으로 판단해 뇌양현 현령으로 임명했다(『삼국지연의』).

* **뇌양현(耒陽縣)** 형주의 계양군 북부, 뇌수 유역에 위치한다. 지금의 호남성 뇌양.

격렬한 전투를 치른 오의 새 도독
노숙 공이 귀공을 소개했다는 것은
형주에 대한 전략이 변해서요?
그럴지도 모릅니다.
그런데 방통 선생.
귀공은 어떤 일을 하고 싶소?
저는 어떤 일이든….
그럼
뇌양현의 현령을 해보지 않겠소?
뭐
그러지요.

* **현령(縣令)** 현의 행정을 담당하는 장관. 현의 치안 유지와 재판, 징세 등을 담당한다. 현령 아래에는 사무와 농업 생산을 관리하는 현승(縣丞)을 두어 보좌하게 했다. 현령은 1만 호 이상 현의 장관이고, 1만 호 미만 현의 장관은 현장(縣長)이라 했다.

耒陽縣役所
마을길 수리 문제로 빨리 도장을 받고 싶소.
우리 마을의 다툼도 더 이상 기다릴 수 없소.
웍자 지껄
시끌 시끌
현령님이 두 달이나 술만 마시면서 재판도 안 하고 있소.
웍자 지껄
술렁 술렁
거참 곤란하군.
음냐 음냐

* **정무(政務)를 게을리하면…** 방통이 온종일 술만 마시고 일을 전혀 하지 않는다는 이야기를 들은 유비는 "법을 업신여기는 썩은 유학자"라며 격노해서 장비와 손건을 파견했다(『삼국지연의』).

현령!
일어나!
어이!
싸 싸 싸 싸 싸
아함
어디에서 전쟁이라도 났답니까?
이놈!
현령이 돼서는 벌써 두 달째 술타령만 하고 있다면서?
정무를 게을리하면 해고다!
장비 익덕이다.
댁은 누구요?

아아
술을 좋아하기로 유명한 장군이군요.
자, 한 잔!
귀공이 세 잔을 마시는 동안
모든 재판을 끝내 보이리다.
거짓!
꿀꺽
태만한 자가!
후후
그럼 일을 한번 해볼까?
왁글 왁글
모두 일렬로 서시오!
시끌 시끌

다음~
이걸로 됐다.
다음~
쓱쓱
쓱
자, 다음~
그런 억지를 쓰면
감옥에 처넣겠다. 알았나?
상금 10관을 주겠다!
자
아이고, 감사합니다!
….
그런가? 잘했군.

끝났소 장비 공.
그럼 같이 한잔 하십시다.
댁은 보기와 달리 일처리가 훌륭하군.
그런데 댁의 이름이?
성은 방, 이름은 통,
자는 사원이요!
아니, 공명 선생?
이 사람을 알고 있소?
물론 이죠.

적벽대전의 일등공신 중 한 분이
아닌가!
허
적벽 대전 때
조조에게 연환계를 권유했던
방통 선생이오.
예.
시찰을 마치고 돌아와 방통 선생이 현령을 하고 있다는 얘길 주공께 듣고
서둘러 달려왔소.
현령으로 두기엔 아까운 인재요.
즉시 주공을 만나 이야기합시다.
나는 이런 시골생활도 좋지만,
공명 선생이 그리 말하니 따라갈까 보오.
자
방통 선생.

바로 방통 선생 이었구려.
수경 선생이 언젠가 말한 봉추라는 천하의 군사가
그렇군!
부디 나의 어리석음을 용서해주시오.
그리 말씀하시니 부끄럽군요.
방통 선생.
공명 선생은 군사 장군직이니 그다음 직인 부군사 중랑장으로서
나의 염원인 한실 부흥을 위해 온 힘을 다해주시오.
그럼
어떻소?
즉시 자리를 마련해
축배를 듭시다!
부족하지만 최선을 다하겠습니다.

* **방통의 발탁** 『삼국지』「촉서 방통전」에 따르면 방통은 뇌양현의 현령 대행으로 일했으나 실적이 나빠 해고되었다. 그 뒤 노숙과 공명의 중재로 유비가 방통과 이야기를 나눈 뒤 재능을 인정해 치중종사(수석보좌관)와 군사 중랑장에 발탁했다.

형님.
저도 끼어주실 거죠?
물론이지, 장비.
하하하

건안 16년 12월
형주성

뭐예요! 여기 계셨군요.
공명 선생님, 방통 선생님.
주공이 빨리 오시랍니다.

용건이 뭐냐?
서야.
촉에서 법정이라는 사절이 왔답니다.

* **법정(法正)** 176~220년. 자는 효직(孝直). 사례의 우부풍군 미현(지금의 섬서성 미현) 출신.

자, 갑시다!
촉의 사절?
내 느낌에 나쁜 이야기는 아닌 듯하오.
오
오셨군.
법정 공, 소개하겠소.
이쪽이 우리 진영의 군사 제갈공명.
그 옆이 방통 사원이오.
잘 부탁하오.

* **장로(張魯)** 출생연도 사망연도 미상. 자는 공기(公祺). 예주의 패국 풍현(지금의 강소성 풍현) 출신.

촉의 사절 법정이라 합니다.
오늘은 부탁이 있어서 왔습니다.
법정 공.
기탄없이 말해 보시오.
실은 우리 촉의 북방 한중 땅에 장로라는
신흥종교 두목의 군단이 뿌리를 내리고 있습니다.
그 장로가 위 조조의 공격에 위협을 느껴
촉을 침략하려고 군을 정비 중입니다.
그래서
우리 주공 유장은 먼 친척뻘인
유비 공께 원군을 보내주십사 청합니다.
제가 그 사자로 왔습니다.
그래서
주공의 생각은 어떠신지?
물론 승낙할 생각인데,
두 분의 의견은 어떻소?

좋습니다.
물론
방통 선생도?
음….
개의치 말고
말해 보시오.
실은 중요한 부탁이 하나 더 있습니다….
이건 비밀인데,
우리 촉은 북은 촉의 잔도, 남은 장강의 삼협이라는 천연요새로 지켜져왔습니다.
산물이 풍부한 천부(天府)의 나라로 불리고 있으나
솔직히 말씀드리면, 주공 유장은 어리석어서
이 험한 시대에 촉나라를 지키기 어려울 것 같습니다.

* **유장(劉璋)** 출생연도 미상~219년. 자는 계옥(季玉). 형주의 강하군 경릉(지금의 호북성 잠강현) 출신.

그럼?
….
촉의
주인….
나
유비가…!?
그래서 저는
우리 진영의
장송 공, 맹달 공
등의 동지와
은밀히 도모해
가능하다면
현명하고
인의가 두터운
유비 현덕 공이
우리 촉의
주인이
돼주셨으면 해서
찾아왔습니다.

제33장 유비군 촉으로

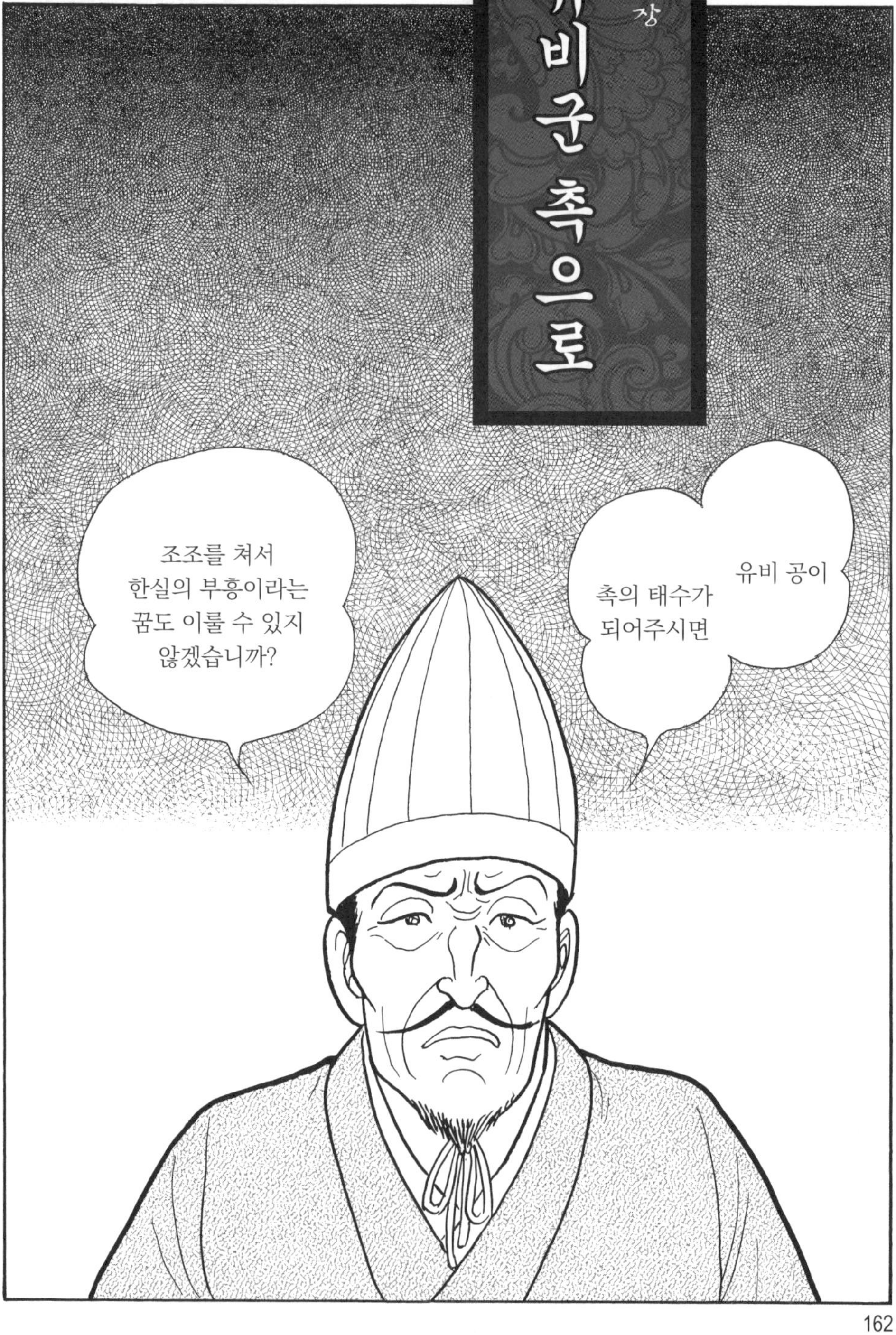
유비 공이 촉의 태수가 되어주시면
조조를 쳐서 한실의 부흥이라는 꿈도 이룰 수 있지 않겠습니까?

법정 공의 괴로운 결의도 헤아리셔야 합니다.
주공.
하지만 태수 유장 공도 한실의 피를 이은 분이니
정을 생각하면 어렵소만….
법정 공.
그 건은 이후의 과제로 삼고,
장로를 토벌할 원군은 급히 보내겠소.
부디 잘 부탁드립니다.

주공은 천하삼분이라는 공명 선생의 진언을
설마 잊지 않으셨지요?
한실의 부흥은
주공의 목숨을 건 꿈이 아닙니까?
사사로운 데 얽매여서는 큰일을 이룰 수 없습니다!
알고 있소.
하나…
잘 말해주었소, 방통 선생.
공명 선생과 최선의 계책을 짜주시오!

* **잘 말해주었소** 『삼국지』「촉서 방통전」의 주에는 촉 침략을 망설이는 유비에게 방통이 "무력으로 나라를 빼앗아도 바르게 통치해 대업을 성취한 뒤 유장을 대국의 영주로 봉하면 신의를 버렸다고 할 수 없다. 지금 익주를 빼앗지 않으면 누군가에게 빼앗길 뿐이다"라고 말하여 유비가 행동에 나섰다고 한다.

공명과 방통의 전략에 따라
유비는 군세를 둘로 나눴다.
공명을 군사로 하는
관우, 장비, 조운 등의
형주 방위군과
방통을 군사로 하는
유비, 황충, 위연,
관우의 아들 관평 등의
촉에 대한 지원군이었다.
주력을 형주에 남긴 것은
촉의 수뇌들에게 두려움을
주지 않기 위해서였다.
유비 이하 5만의 장병들은
군선을 타고 무협, 구당협,
황우협 등 장강의 험한
곳을 거슬러 올라갔다.

촉도 성도성
주공.
유비군이 부성으로 향하고 있다고 합니다.
그렇군
유비 공이 오는구나.
부디 다시 생각해 주십시오.
주공. 유비의 꿍꿍이는 주공을 죽이고 촉을 빼앗는 것입니다.
나도 부성까지 맞으러 가겠다.

* **부성(涪城)** 지금의 사천성 면양시. 『삼국지』「촉서 유장전」에 따르면 건안 16년(211년), 유장은 보병·기병 3만을 이끌고 부성으로 가서 유비를 맞았고, 백여 일이나 연회를 베풀어 접대했다고 한다.

왕루
유비 공은 인의를 지키는 무장이다.
그렇게 꼭 가시겠다면
저는 살 수 없습니다!
마음대로 해라!
크억!
푸욱

* **왕루(王累)** 출생연도 사망연도 미상. 익주의 광한군(지금의 사천성 중북부) 출신. 유비가 촉에 오는 것을 반대해 스스로 성문에 거꾸로 매달려 간언했으나 유장은 이를 듣지 않았다(『삼국지』「촉서 유장전」). 칼로 자살했는지는 기록되어 있지 않다.

자 나를 따르라!
술렁 술렁
술렁 술렁
부성
유비 공. 잘 오셨소.
감사하오.
涪城

당장 환영 연회를 열리다.
맞아 주셔서 감사하오.
건배!
그럼
양군의 친목을 위하여 건배!
위연.
촉 태수는 주군께 적의를 품고 있소.
가서 검무를 추는 것처럼 꾸며
유장을 베시오.

* **번성에서의 회견** 유비와 유장이 회견할 때 방통은 유비에게 이 기회에 유장을 습격해서 잡으면 힘들이지 않고 익주를 손에 넣을 수 있다고 진언했으나, 유비는 온 지 얼마 되지 않았고 백성들도 아직 따르지 않으니 서둘러서는 안 된다고 이를 물리쳤다.

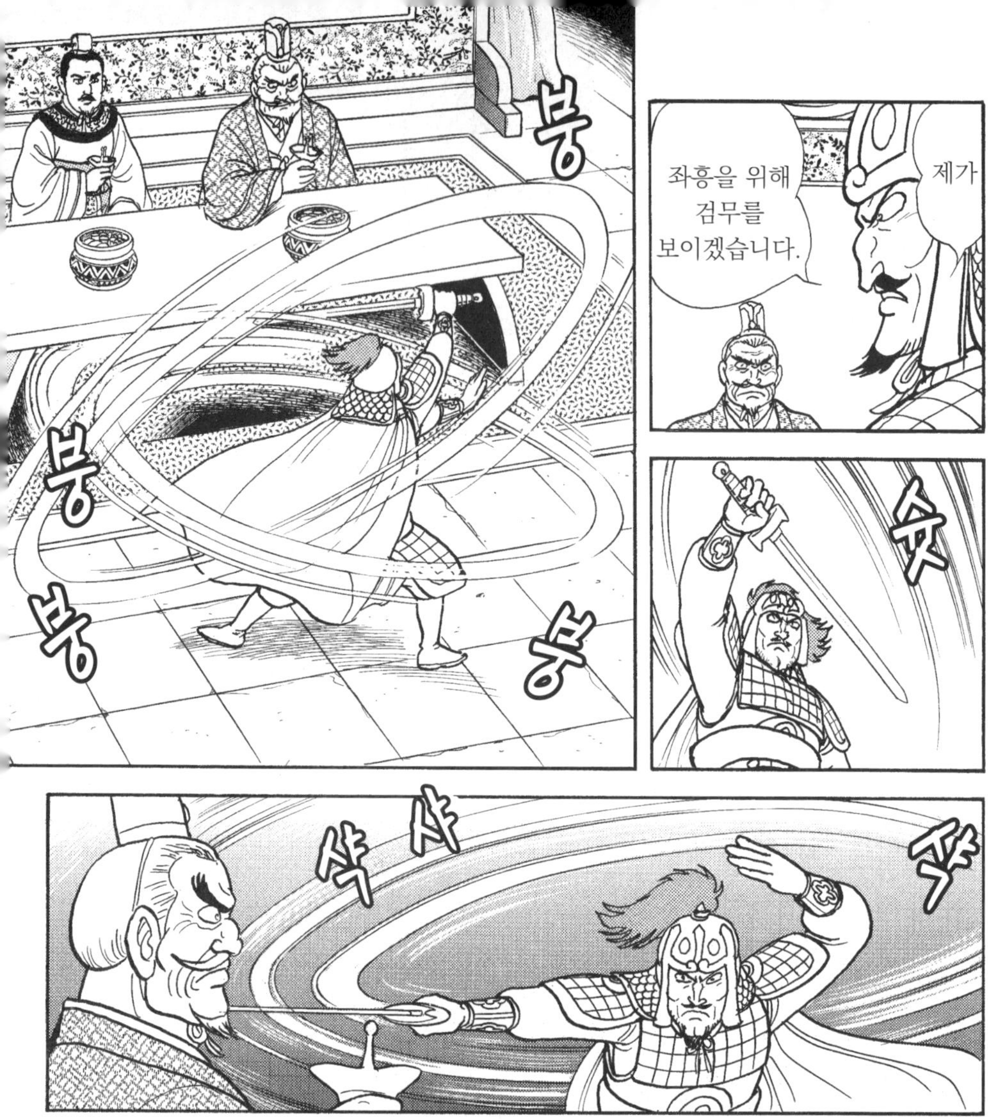
붕
붕
붕
붕
제가
좌흥을 위해 검무를 보이겠습니다.
앗!

* **홍문지회(鴻門之會)** 기원전 206년, 항우의 신하 범증(范增)은 유방을 연회 자리에서 죽이기 위해 항장(項莊)에게 검무를 추다가 유방을 베라고 한다. 그러나 불온한 분위기를 감지한 항백(項伯)이 같이 검무를 추어 암살을 저지하고, 유방은 부하의 활약으로 위험한 자리를 빠져나간다.

깡
!
붕
붕
검무는 상대가 있어야 더 화려하니
이 장임이 상대하겠소.
붕
챙
챙!
이것은 마치
초의 항우와 한의 고조 유방이 대결한
홍문 지회 같구려.
위연과 장임은 칼을 거두라!
그렇소.
형제 같은 사이의 연회에 칼은 필요 없다.

옛!
주공.
장로의 대군이
가맹관으로 향하고 있다 합니다.
그래?
유비 공. 피곤하신데 죄송하지만,
내일이라도 출발해서 장로군을 무찔러주겠소?
예.
모두
연회를 여기서 마치고
내일 아침 가맹관으로 간다!
옛!

가맹관
공명 선생이 전령을 보냈는데,
주공이 안 계신 동안 오나라 장군 감녕이
어머니가 위독하다며 손부인을 유괴해 배로 달아났다고 합니다.
뭐? 아내를….
그럼 아들 아두는…!?
손부인에게 안겨 있던 아두님을 감녕의 배에 숨어든
공명 선생의 제자 서가 빼앗아 무사하답니다.
아두를 인질로 삼아 형주를 빼앗으려는 손권의 모략일 것이오.

또한
손권이 형주로 병사를 보내려 할 때
조조가 오를 공격해
양군이 전투 상태라고 합니다.
그렇군
공명 선생이 엄중히 감시 중이니
형주는 안전할 것이오.
하지만 손부인 일은 아쉽군요.
주군.
장로군이 가맹관으로 몰려옵니다!
그것은 처음부터 정략결혼,
어쩔 수 없지.
후후
좋다
앞서 세운 작전으로 적을 물리쳐라!
옛!

와! 와! 와! 와!
장로군은 열흘 정도 공격했으나
유비군의 철벽 수비 태세를
깨뜨리지 못한 채
결국 철수하고 말았다.
魯
魯
그런데
장로군은 물러갔소.
방통 선생. 촉나라 공격은 어찌하면 좋겠소?
속임수를 쓰면 어떨지요?
그러니까
조조의 공격을 받고 있는
맹우 오나라의 손권이 지원군을 요구해 왔습니다.
형주군만으론 지원군이 부족하니
촉나라에 병사 3만과 군량미 10만 석을 빌려달라고 해보는 것이….

* **방통의 책략** 부성에서 유비가 익주 공격의 방책을 묻자 방통은 세 가지 책략을 제시했다.
* **조조의 공격** '오나라 지원'은 익주를 제압하기 위한 구실이었는데, 실제로 조조는 유비가 익주에 머물러 있을 때 오나라를 공격했다.

그러면 주공은 성의 없다고 화내며
촉나라 공격을 결단하십시오.
후후
그대도 공명 선생에 뒤지지 않는 군사로군.
그리고
그런 다음엔?
과연
그렇게
해줄까, 촉이?
형식적으로 하겠지요.
지원군을 보낸다고 하면
지금 부성을 지키는 촉나라 장수 양회와 고패가 이끄는 군대일 겁니다.
그런데
두 장수는 주공께 심한 적의를 품고 있습니다.
그 점을 조심하면 반드시 승기를 잡을 것입니다.
과연 훌륭한 계략이오.
즉시 유장에게 지원군을 부탁하겠소.
다만
저 두 사람이 무슨 일을 꾸밀지 모르니
제게 맡겨 주시겠습니까?
좋소
맡기지.
실력을 마음껏 발휘하시오.

* **양회(楊懷)·고패(高沛)** 모두 출생연도 미상~212년. 『삼국지』「촉서 방통전」에 따르면, 두 사람은 몇 번이나 유장에게 편지를 보내 유비를 형주로 돌려보내라고 호소했다고 한다.

촉은 유비군에게 2만의 지원군과 5만 석의 군량미 원조를 약속했다.
그리고 열흘이 지났다.
양회와 고패는 2만의 병사와 군량미를 싣고 가맹관으로 향하고 있었다.
蜀
고패, 알겠지?
유비에게 지원군을 인도할 때 가져간 축하주로 주연을 제안하세.
그때 30명의 병사와 몰려가서 유비 녀석을 찔러 죽이는 거지!
좋아. 무방비 상태의 유비에게 덤벼들면 간단하겠지.
관우, 장비 같은 맹장도 지혜 있는 공명도 없으니까.
그렇지
유비만 죽이면 5만 군대도 오합지졸,
단번에 흩어버릴 수 있네.

두두두두
유비 공.
형주에 보낼 지원군을 데려왔습니다!
지원군 2만과 군량미는 저기에….
오오
고패 공, 양회 공.
수고 많았소.

그리고 형주 출진의 축하주를 가져왔으니
한잔 하시지요.
참으로 고맙소.
휙
받아랏!
댕강
털썩
유비를 죽였다!
모두 공격하라!!

와
바보 같은 놈들!
그 사람은 유비 공의 대역이다.
모두 출격하라!
두두두두
뭣이
그게 대역이라고!?
엉터리 같은 소리!!
얼간이들!
내가 유비 현덕이닷!!
와
와
와
네놈들의 음모를 이 방통이 이미 간파하고 있었다.
모두 촉병을 사정없이 베어랏!!
크억!
댕강
으악!

부성
부성으로 진격!
촉병을 쫓아내고
두두
두두두두
와!
진격!!
두두두두
해치워!!
쿠쿵
빠지직
빠지직
부숴라!!
쿵

20일 뒤 부성
부성은 함락됐다!!
오늘 밤 주연이 벌어진다!!
우오
와
黃
魏
關
涪城

제34장 낙봉파

주공.
마침내 면죽성 공격입니다.
면죽을 함락하면 낙성, 성도는 코앞이지요.
좋소. 출진 합시다.
저는 위연군과 동쪽 샛길로 가겠습니다.
주공은 황충군, 관평군을 이끌고 서쪽 큰길로 가십시오.
그대는 부성에 남아도 좋소만….
이유가 무엇입니까?
군사는 전략에 목숨을 걸고
장사는 싸움에 목숨을 걸면 되오.
아니
전방에 뭐가 있는지 모르니
저도 출진을 하겠습니다.
그럼 함께 싸웁시다.

* **면죽(綿竹)** 지금의 사천성 덕양시 황허진. 덕양은 성도의 북쪽 약 70km 지점에 위치한다. 이곳은 촉이 멸망한 263년, 공명의 아들 제갈첨(諸葛瞻)과 손자 제갈상(諸葛尚, 제갈첨의 장자)이 위나라 무장 등애(鄧艾)의 항복 권고를 거절하고 전사한 장소다.

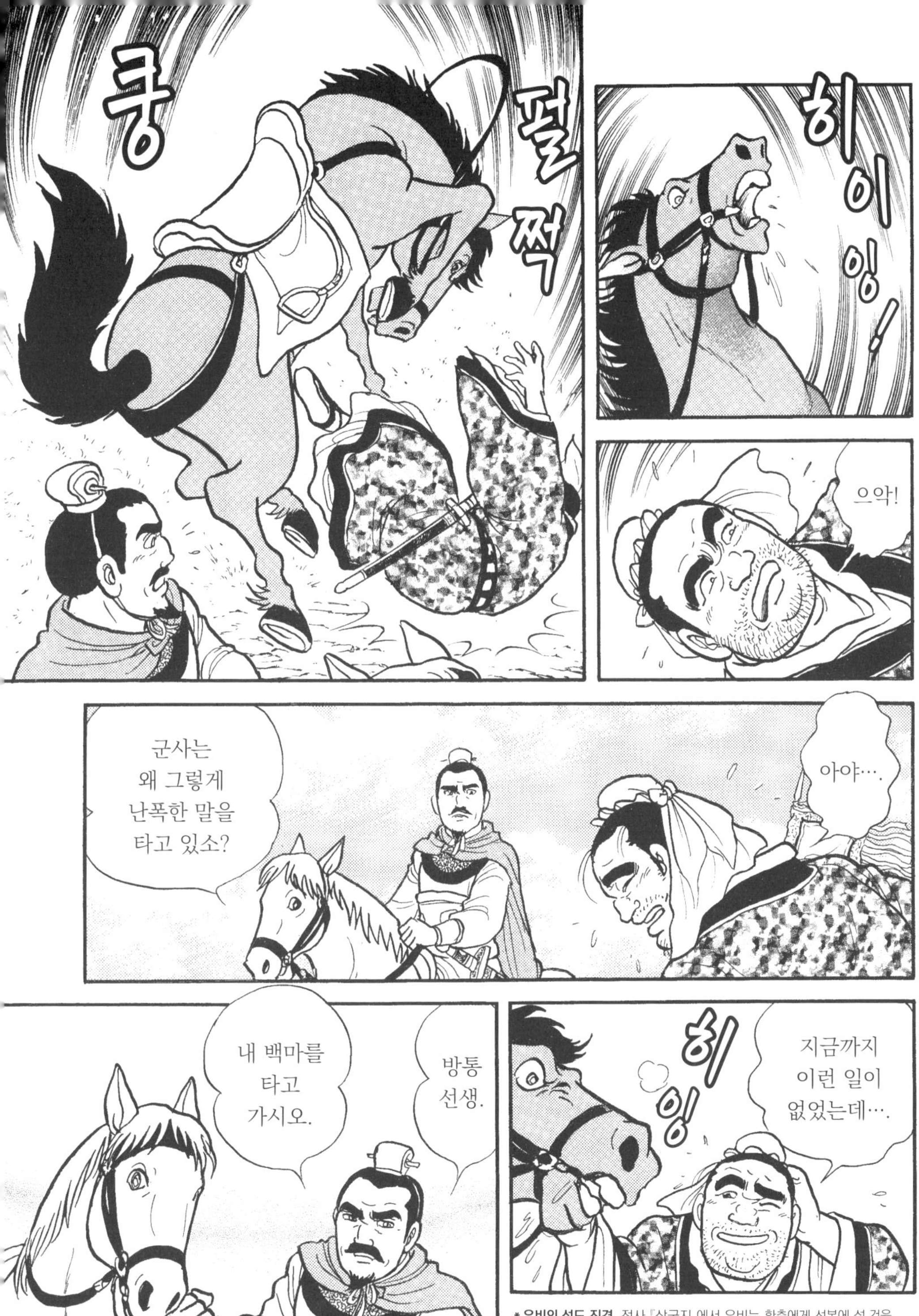
쿵
펄쩍
히이잉!
으악!
군사는 왜 그렇게 난폭한 말을 타고 있소?
아야….
방통 선생.
내 백마를 타고 가시오.
히잉
지금까지 이런 일이 없었는데….

* **유비의 성도 진격** 정사 『삼국지』에서 유비는 황충에게 선봉에 설 것을 명하고, 스스로 주력을 이끌고 성도를 향해 진격했다.

당치 않습니다.
나는 어떤 난폭한 말도 익숙하게 탈 수 있소.
자
사양 마시오.
그럼
호의를 받겠습니다.
예
모두 출진이닷!!
동쪽 샛길
방통군은 동쪽 산기슭 샛길로, 유비군은 서쪽 큰길로 진군했다.
그때…
魏

장임군은 내가 칠 생각이었는데….
주군이 위험해!
장임군이 서쪽 큰길을 가는 주군의 군에게…!
헉
저건!
위연.
우회해서 장임군 앞으로 나가랏!!
좋다. 모두 서쪽으로 전진!!
옛
주군.
최강 장임군은 제가 상대를 하겠습니다.
주군은 동쪽 샛길을 통해 면죽성으로 가십시오!!
무슨 일인가, 방통!?
면죽성에는 장임 말고는 제대로 된 장수가 없습니다.
黃
劉

* **장임(張任)** 출생연도 미상~214년. 익주의 촉도(지금의 사천성 중북부) 출신.

주군은 제가 장임군과 싸울 때
동쪽 샛길로 전진해
면죽성을 함락하십시오!
그런데
장임 대군을 귀공이 막을 수 있겠소!?
촉을 빼앗는다면
제 목숨은 티끌과 같습니다.
주공. 우회해서 동쪽 샛길로 가십시오!
그럼
그렇게 하리다.
군사.
목숨을 소중히 하시오!
유비는 황충군, 관평군을 이끌고
산기슭의 동쪽 샛길을 우회해서 갔다.

방통군은 장임군 앞을 가로막고 섰다.
북풍이다, 위연!
적에게 불화살과 연막탄을 던져라!
슝
슝
슝
슝
펑
펑
펑
다음은 화살 공격!
콜록 콜록…
으악!
흥
흥
겁먹지 마라.
저 백마가 유비임에 틀림없다.
유비를 노려랏!

양군이 격돌해 혼란스럽게 싸웠으나 2각 뒤 방통군의 우세에 장임군은 산골짜기로 달아났다.
으으…
장임군도 겨우 물러갔군….
여기는… 뭐라고 부르는 곳이냐?
낙봉파 입니다.
뭐?
낙봉파…?
나의 다른 이름은 봉추….
내 명도 여기까지 인가….

왜 약한 말씀을 하십니까?
아니
이게 천명일 것이다.
그래.
면죽성의 주공에게 전하고 싶은 말이 있다.
무슨 말씀을?
면죽성에서 촉주 유장이 있는 성도까지는
적도 죽을힘을 다할 테니 공명 선생에게 지원군을 부탁하라고.
그리고… 나는 비록 부족하지만
사력을 다한 뒤 죽었다고….
또 하나.
공명 선생에게 안부를…
주공께도 전해주게.
군사 방통은 목숨이 붙어 있는 한 싸우다가 36세에 세상을 떠났다.

＊낙봉파(落鳳坡) 면죽과 낙성의 중간점에 있는 3km 정도의 긴 언덕길. 지금의 사천성 덕양시 나강진 교외.

면죽성
황충군, 관평군을 이끌고
싸운 유비 현덕은
마침내 면죽성을 함락했다.
關
黃
關
黃
소곤
소곤
무엇이?
방통
선생이…!

아
군사가 장임의 대군을 막아주어
면죽을 함락할 수 있었는데….
다음에는 공명 선생에게 지원군을 요청하라고….
알았네.
제군.
우리 군사 방통 선생은 장임군을 추격하던 중 목숨을 잃었다.
방통 선생을 위해 묵념!

형주성
선생님.
설마 그 지혜로운 사람이!?
아
가슴이 아프다.
주공은 어떻게 지내실까….
혹시 방통이
죽었다는 징조…!?

보름 뒤
공명 선생!
관평 공.
혹시… 방통 선생이!?
군사는 어떻게 그것을…!
그로 보이는 장성(將星)이 떨어지는 것을 보았소.
그렇군요.
방통 선생은 면죽성 공격 도중
주공을 대신해 장임의 대군과 맞서 싸우다가
낙봉파에서….

***유성(流星)** 『삼국지연의』에서는 방통이 죽었을 때 공명이 본 유성을 '천구성(天狗星)'이라고 한다. 『사기』「천관서」에는 이 별이 불기둥을 뿜듯 떨어지는 커다란 유성으로 천구성이 나타나면 군대가 패배하거나 장수가 전사한다고 기록되어 있다.

그래서
주공이
황충 장군과
저를 이끌고
면죽성을
함락할 수
있었습니다.
천명
인가!
하지만
그는
최선을
다했다.
한데
죽기 전
공명
선생께
유언을
했습니다.
면죽성에
있는
유비군에게
지원군을 이끌고
달려가시라고….
수고했네,
관평.
주공은
부성을
함락시키고
면죽성까지
진출을
하셨으나
내게 급히
지원군을
이끌고
오라 하셨소.

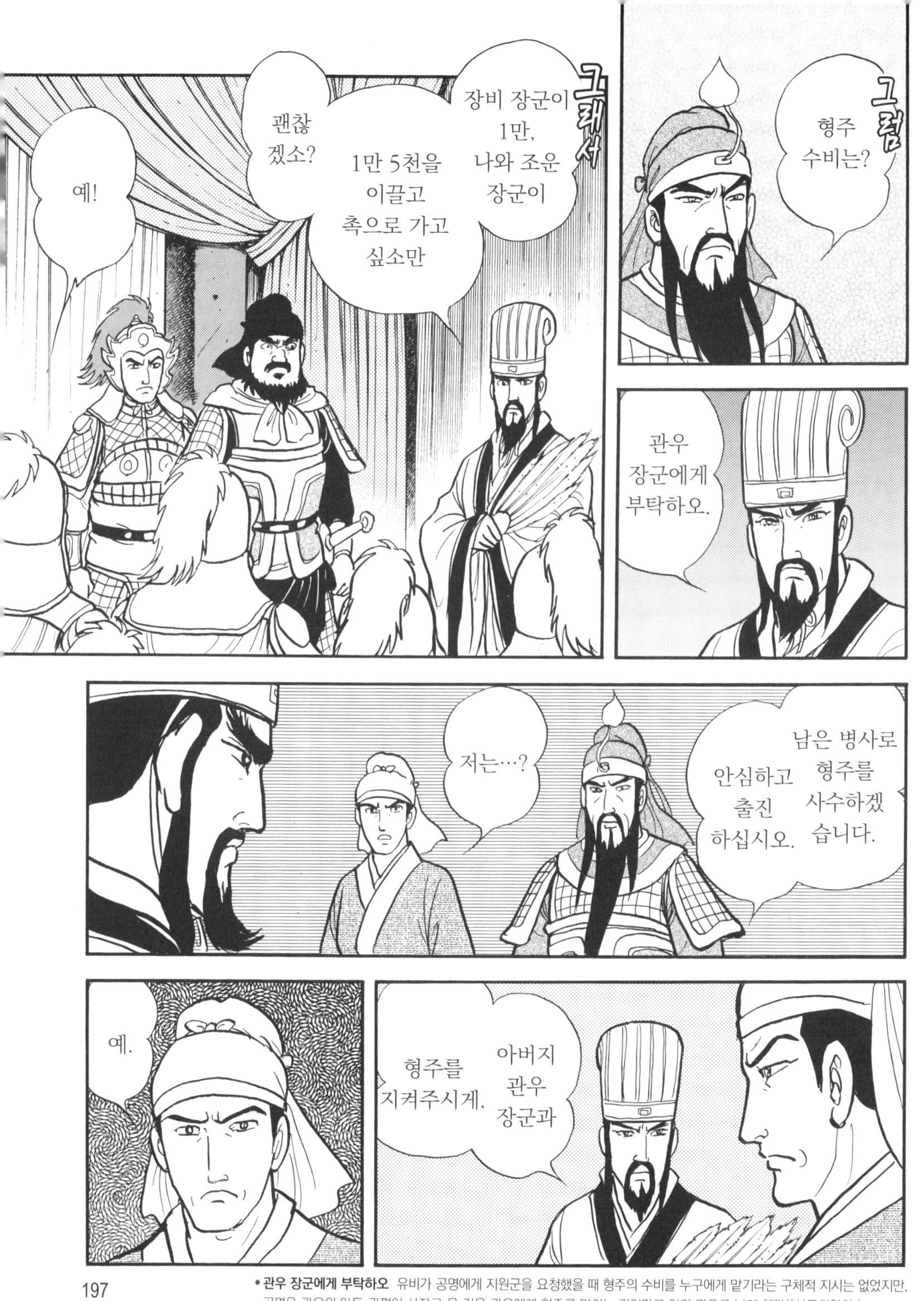
장비 장군이 1만, 나와 조운 장군이
1만 5천을 이끌고 촉으로 가고 싶소만
괜찮겠소?
예!
그래서
그럼
형주 수비는?
관우 장군에게 부탁하오.
남은 병사로 형주를 사수하겠습니다.
안심하고 출진 하십시오.
저는…?
아버지 관우 장군과
형주를 지켜주시게.
예.

＊관우 장군에게 부탁하오 유비가 공명에게 지원군을 요청했을 때 형주의 수비를 누구에게 맡기라는 구체적 지시는 없었지만, 공명은 관우의 아들 관평이 사자로 온 것은 관우에게 형주를 맡기는 것이라고 여겨 관우를 남게 했다(『삼국지연의』).

그럼
모레에 촉으로 출발하겠소.
남은 장병들은 관우 장군과 형주를 지켜 주시오.
옛!!
장비 장군은 파성의 엄안을 무찌르고 낙성으로,
나와 조운 장군은 건위성을 치고 낙성으로 가겠소.
나는 전령을 주군께 보내 낙성 진군을 진언하겠소.
알겠소?
누가 먼저 도착하는지 내기하세, 조운.
바라는 바입니다.

*** 공명의 입촉(入蜀)** 공명은 214년, 장비와 조운 등을 이끌고 진군을 개시해 같은 해 여름 성도를 공격 중이던 유비와 합류했다.

장비, 조운 등 2만 5천의 병사가 공명의 지시 아래 낙성을 향해 가고 있다는 소식을 들은 유비는 공명의 진언도 있고 해서 면죽성에서 출진해 이레 동안 낙성을 공격했지만, 낙성은 함락되지 않았다.
제군.
낙성만 함락시키면 촉은 우리 손에 들어온 것과 같다.
낙성
黃
魏
쿠쿵
돌입하라!!
그러나 철벽 성문을 부수지 못해 유비군의 피로는 극에 달했다.
黃
성문을 부숴라!!

쿵쿵쿵쿵
너희들 꼼짝달싹 못하지!
패기 없는 장임군!!
와 와
성문 안
때가 왔다!!
좋다!
장임 장군.
적은 이미 완전히 지쳤을 겁니다.
슬슬 공격하러 나갑시다!

끼이이익
둥
모두 출진한다!
북을 울려라!!
둥둥 두둥 두둥둥둥
둥둥
우와
애송이 유비군을 단번에 무찔러라!
두두두두두
와 와 와와 와
그간 쌓인 원한을 씻을 때가 왔다!
처부숴라!
와와

와
와
와
와
와
와
이얍
크억
컥
이얍
와
와
와
두
두
두
형세가
불리하다.
얏
일단
후퇴!
20리 물러나
태세를
재정비하라!

위연.
저게 뭐냐!?
두두두두
두두…
주공. 오른쪽으로 우회할까요?
적의 복병일 겁니다.
오른쪽으로 퇴각하라!
모두!
틀렸습니다. 완전히 포위를 당했습니다!
아아
내 목숨도 여기까지 인가…!

제35장 천하가 삼분되다

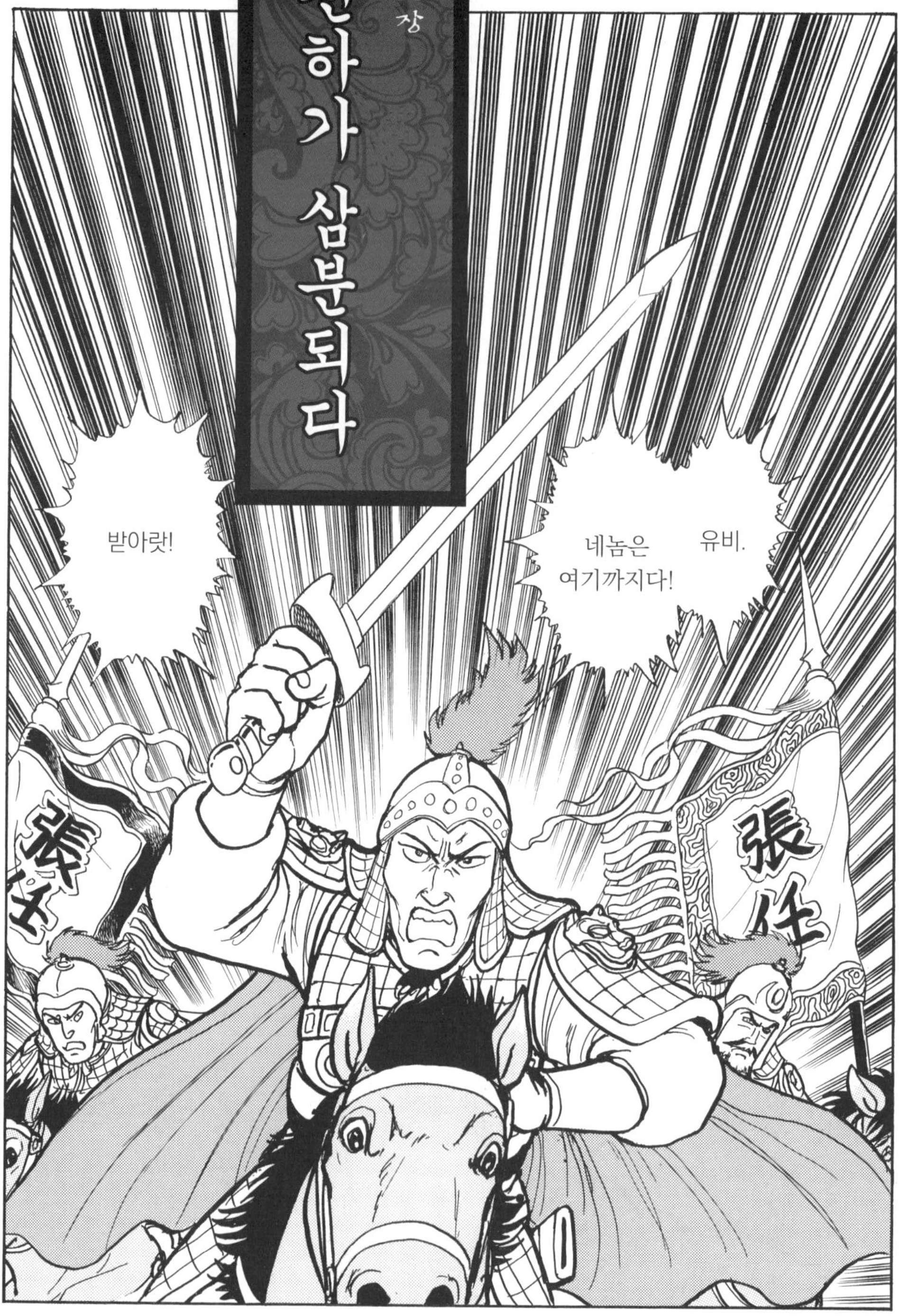

유비.
네놈은 여기까지다!
받아랏!
張任
張任

두두두 두두
형님.
두두
장비 왔소!
張
두두두두두
맡겨 주시오.
즉시 장임군을 쫓아버려랏!!
적의 복병이 아니라 장비였구나.
오!
劉

장임, 이놈!
장비 익덕의 창을 받아랏!!
챙
찡
뭐야! 이 털 난 돼지 같은 놈이!!
두 사람은 칼날을 맞부딪치며 싸웠지만, 장임은 장비군에게 압도되어 견디지 못하고 물러갔다.
쏴
쏴
쏴
쏴
와
와
와
단번에 촉군을 해치워라!!
억수같이 내리는 빗속에서 어지럽게 싸우던 중 장비는 문득 적에게 빙 둘러싸인 것을 깨달았다.
두
두
두

이 오의가 저세상으로 보내주마.
멍청한 놈.
이놈들!
내가 맹장 장비라는 걸 모르냐!?
장비 장군!
용기 백배다!
오, 조운. 와주었구나.
도우러 왔소!
두두두
비겁하게 협공을 하다니….

* **오의(吳懿)** 출생연도 미상~237년. 자는 자원(子遠). 연주의 진류국(지금의 하남성 동부) 출신.

앗!
챙 챙
간다,
오의!
챙
이얍!
쨍
항복
합니다.
목숨만
살려
주십시오!
좋다
이 녀석을
데려가라!
張

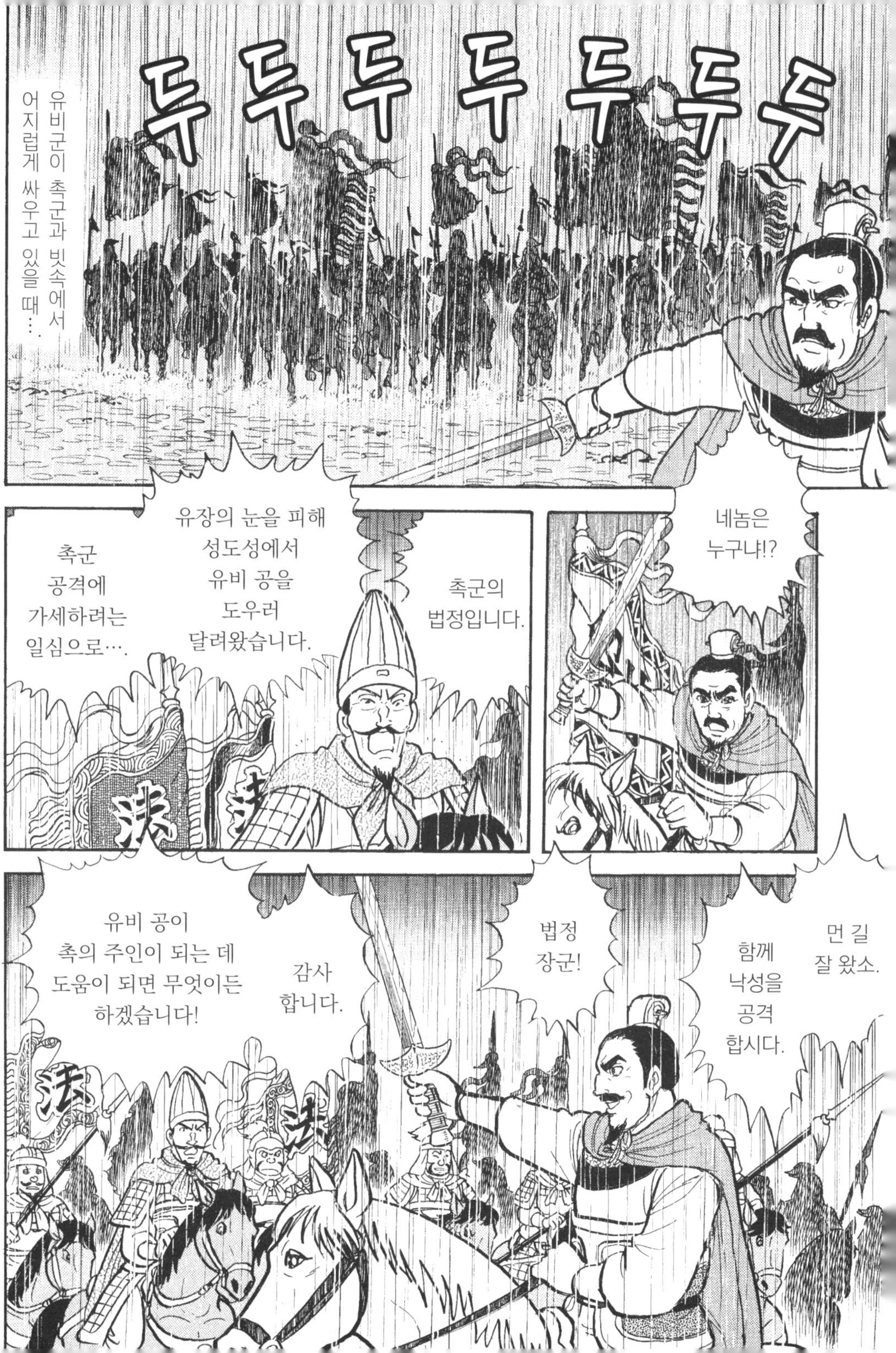
유비군이 촉군과 빗속에서
어지럽게 싸우고 있을 때…
두두두두두두
네놈은
누구냐!?
촉군의
법정입니다.
유장의 눈을 피해
성도성에서
유비 공을
도우러
달려왔습니다.
촉군
공격에
가세하려는
일심으로….
먼 길
잘 왔소.
함께
낙성을
공격
합시다.
법정
장군!
감사
합니다.
유비 공이
촉의 주인이 되는 데
도움이 되면 무엇이든
하겠습니다!

저기를 보십시오.
두두두두
두두두두
공명 선생이 대군을 이끌고 오십니다.
법정 공.
호의에 감사하오.
주공!
만나고 싶었소, 공명 선생.
주공.
오랜만에 뵙습니다.
지금 막 성도에서 도우러 와주셨소.
촉의 법정 장군이오.

공명 선생.
어서 성도를 함락하고
촉의 백성들에게 선정을 베풀어 주시오.
예.
우선
한시라도 빨리 낙성을 함락시킵시다!
법정 장군.
언젠가의 약속을 잘 지켜주셨군요.
감사 합니다.
자
모두
가자, 낙성으로!
우와—!!

* **마초(馬超)** 176~226년. 자는 맹기(孟起). 사례의 우부풍군 무릉현(지금의 섬서성 흥평현 동방) 출신. 정서장군 마등(馬騰)의 아들.

유비군은 마침내 난관이었던 낙성을 공격해서
손에 넣었다. 그 사실을 안 성도의 유장은
당면한 중대사를 위하여 이전에 적대하던
장로군과 손잡고 맹장 마초를
유비군과 맞서게 하려 했다.
그러나 군사 공명은 교묘하게 마초를
설득해 마초와 그의 군대 2만을
유비군에 가담시키는 데 성공했다.
왓핫핫
으음
입에 착 감기네.
술도 오랜만이군!

* **낙성을 공격해서 손에 넣었다** 명장 장임은 공명의 계략으로 금안교에서 잡혀 나중에 베이고, 낙성에 틀어박힌 유괴(劉璝)는 장비에게 죽임을 당한다. 그 뒤 장익(張翼)은 성문을 열어 유비를 맞고, 수장 유순(劉循, 유장의 아들)은 달아난다(『삼국지연의』).

낙성

그럼
각자
성도를 함락시킬 방책을….
아니
전군이 출격할 필요는 없을 겁니다.

* **교묘하게 마초를 설득해** 『삼국지연의』에서는 유장의 요청으로 출진한 마초가 장비와 일대일로 싸운 뒤 공명의 계략으로 고립되었다가 이회(李恢)의 설득으로 유비에게 투항했다고 한다. 『삼국지』「촉서 마초전」에는 유비의 성도 포위를 안 마초가 밀서를 보냈다고 하고, 또 「촉서 이회전」에는 유비가 한중에 이회를 파견해 마초를 아군으로 끌어들였다고 나온다

마대, 가자!
예. 제가 합니다.
부탁하오, 마초 장군.
그럼
유장도 그 실력을 충분히 알 테지.
마초 장군은
오
우선 제가 유장에게 항복을 권하겠습니다.
우선 마초 장군에게 맡기시지요.
주공.
두 두 두 두 두두두두

성도성
얼굴을 내밀어랏!
촉의 태수 유장 공에게 할 말이 있다.
마초!
뭐냐?
네놈은 우리 촉을 돕겠다고 출진해놓고
지금은 유비군한테 항복했구나.
이런 배신자!

나는 분명
유장 공을
도우려 했다.
한데
유비 공과
제갈공명 공의
인덕에 감동해서
돕기로 약속했다.
유비군은
반드시
촉나라 백성의
구세주가
될 것이다.
귀공이
항복하지
않으면
내가 유비군
8만의 선진이 돼
성도성으로
돌입할 것이다!!
사
사실
이냐…!
비틀
비틀
휘청
주공.
정신
차리십시오!

이 성 안에는 3만 남짓의 장병과 1년치 군량미와 금은이 있습니다.
아니
동화, 맹장, 장임은 베이고
오의는 항복했지. 또 법정, 맹달도 유비군에 가세했소.
게다가 믿었던 마초까지…!
蜀
주공은 아버님 유언 대부터 촉의 주인입니다.
유비 따위에게 항복하면 안 됩니다!
하지만, 황권.
蜀
나는 결국 백성의 마음을 못 얻고
8만 남짓의 병사도 잃었소.
모두 내가 부덕한 탓이오.
깨끗이 항복하고 유비에게 백성을 고통에서 구해달라고 할 수밖에 없겠소.
나를 따라 주시오!

* **동화(董和)** 출생연도 사망연도 미상. 자는 유재(幼宰). 형주 남군 지강현(지금의 호북성 지강현) 출신.
* **황권(黃權)** 출생연도 미상~240년. 자는 공형(公衡). 익주의 파서군 낭중현(지금의 사천성 낭중현) 출신.

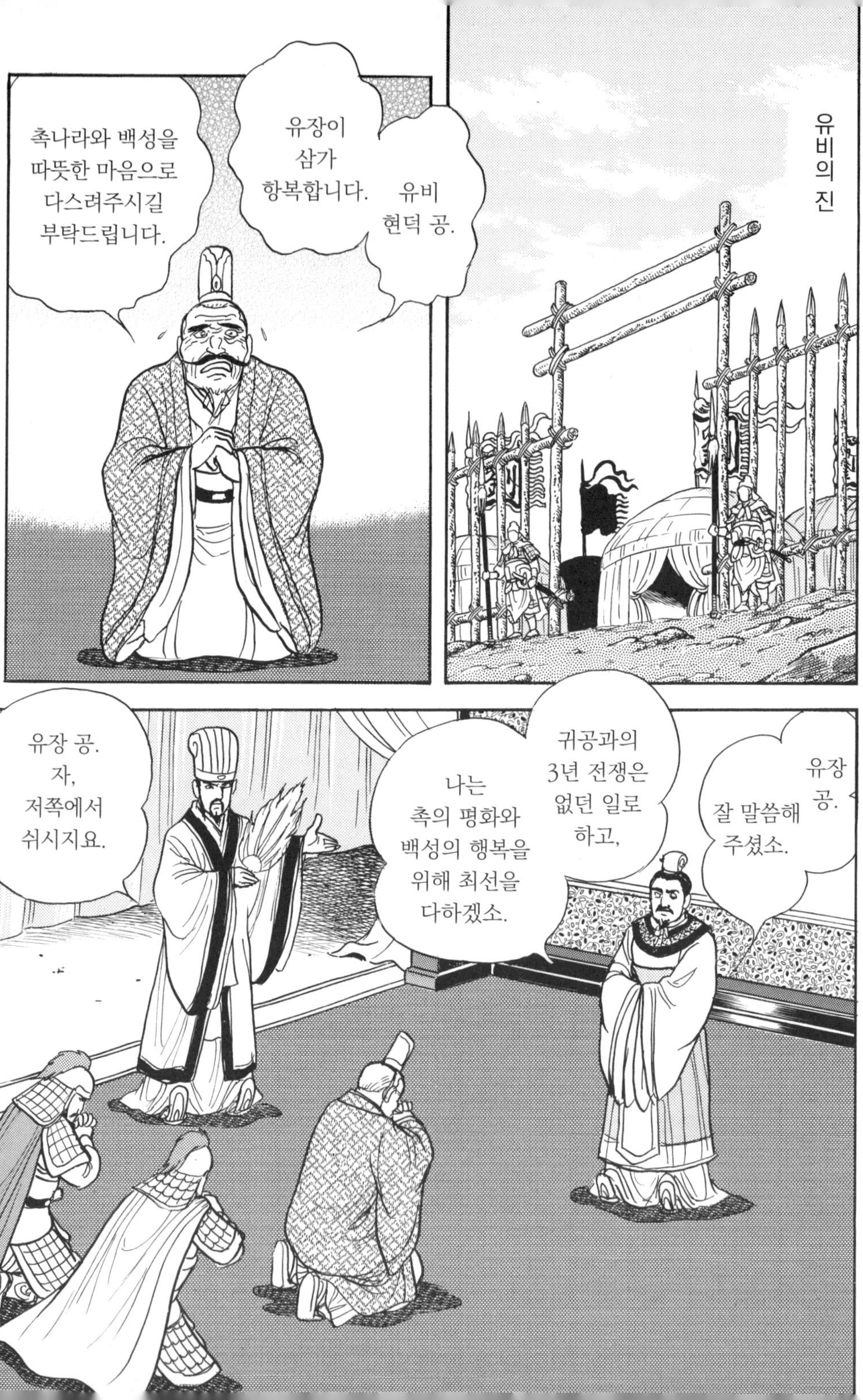
유비의 진
유비 현덕 공.
유장이 삼가 항복합니다.
촉나라와 백성을 따뜻한 마음으로 다스려주시길 부탁드립니다.
유장 공.
잘 말씀해 주셨소.
귀공과의 3년 전쟁은 없던 일로 하고,
나는 촉의 평화와 백성의 행복을 위해 최선을 다하겠소.
유장 공. 자, 저쪽에서 쉬시지요.

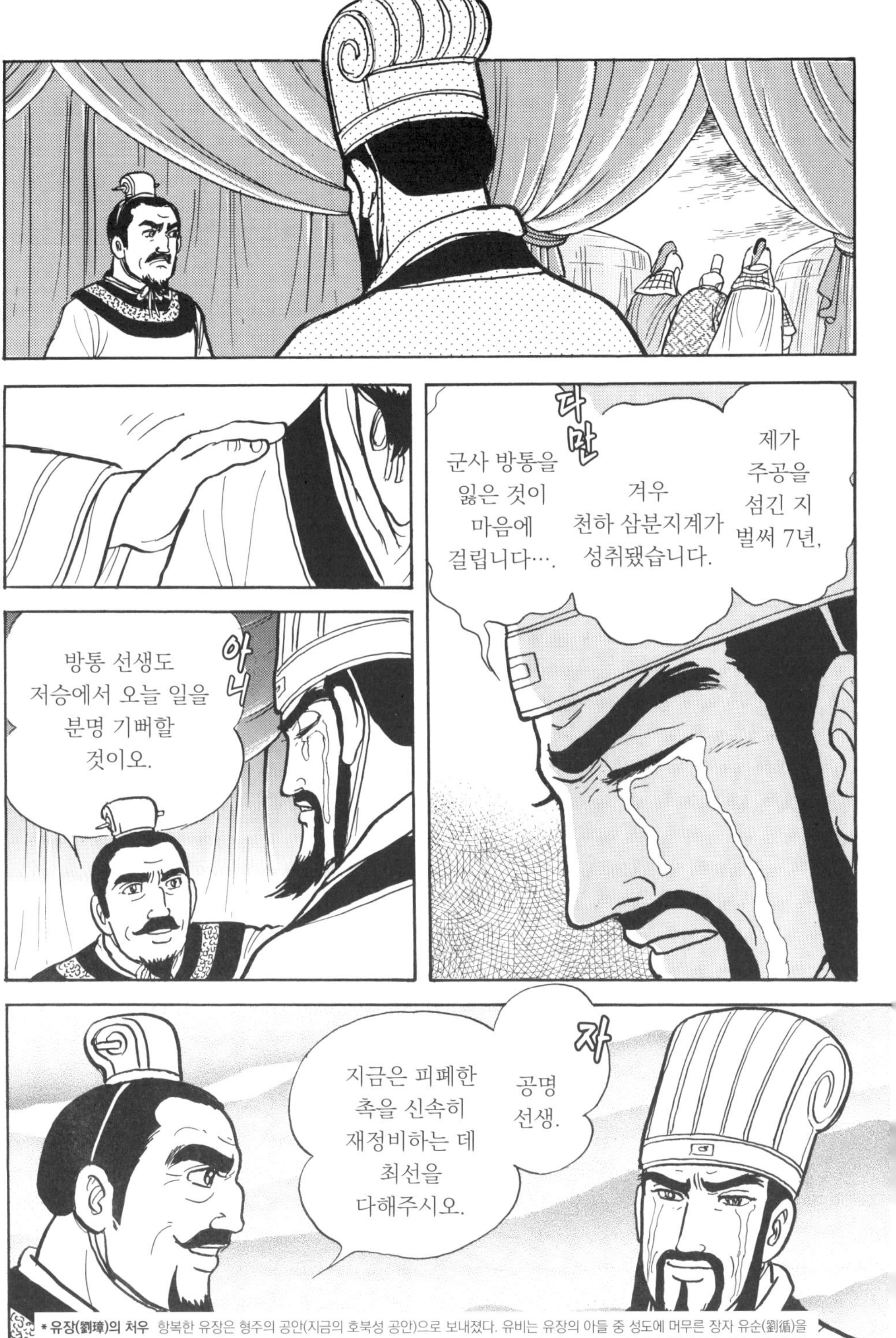

제가 주공을 섬긴 지 벌써 7년,
겨우 천하 삼분지계가 성취됐습니다.
다만
군사 방통을 잃은 것이 마음에 걸립니다….
아니
방통 선생도 저승에서 오늘 일을 분명 기뻐할 것이오.
자
공명 선생.
지금은 피폐한 촉을 신속히 재정비하는 데 최선을 다해주시오.

＊유장(劉璋)의 처우 항복한 유장은 형주의 공안(지금의 호북성 공안)으로 보내졌다. 유비는 유장의 아들 중 성도에 머무른 장자 유순(劉循)을 봉거 중랑장에 임명했다. 유장에게는 유천(劉闡)이라는 아들도 있었는데, 유장 사후에 손권이 익주 자사로 임명했다(『삼국지』 「촉서 유장전」).

성도성
만세!!
유비 님!
세금도 싸게 부탁합니다!
촉을 잘 지켜주세요!
유비 님, 만세!
격이 높으신 분!
만세
劉

* **유비의 입성(入城)** 『삼국지』「촉서 선주전」에 따르면 성도에 입성한 유비는 주연을 열어 병사들을 위로하고 창고 안의 금은보화를 나눠주었다.

제갈공명이 오랜 세월 품어온 꿈이
실현되어 유비군이 성도에 입성한 것은
건안 19년(214년) 5월이었다.
成都城

허도
유비의 촉 제패는
위의 조조, 오의 손권
양 진영에 심각한
동요를 일으켰다.

뭣이?

저 짚신장수 유비 놈이
형주에 이어 촉까지 손에 넣었다고?
두고 봐라, 유비!!
오도 건업
유비가 성도에 입성했답니다.
그 너구리 같은 녀석이…!
노숙을 불러라!
주공.
무슨 일입니까?
유비 놈이 촉을 빼앗았소.

* **짚신장수** 『삼국지』 「촉서 선주전」에 따르면, 어린 시절 아버지를 여읜 유비는 어머니와 함께 짚신을 팔거나 돗자리를 짜서 생계를 꾸렸다고 한다.

촉을 취하면 형주를 돌려준다고 약속하지 않았소.
돌려주지 않으면 즉각 형주를 공격해 빼앗겠소!
지금은 제갈근 공을 사자로 보내서
교섭하는 것이 상책일 듯합니다.
어째서?
공명의 형인 제갈근 공을
성도로 보내 형주를 안 돌려주면 처자식의 목숨이
위험하다고 유비를 설득하는 게 어떨까요?
좋은 생각이오.
제갈근을 성도로 보냅시다!
제갈근은 머나먼 성도로 찾아갔다.

* **형주 반환 요구** 손권은 유비가 익주를 평정하자 제갈근을 사자로 보내 형주를 반환할 것을 요구했다. 이때 유비는 "지금 양주(凉州)를 노리고 있으니, 양주를 빼앗으면 형주를 반환하겠다"고 대답했다(『삼국지』「오서 오주전」).

유비 공.
촉을 빼앗으면 형주를 돌려주기로 한 약속을
부디 실행해 주십시오.
그러지 않으면
제 아내와 자식의 목숨이 위험합니다!
손권 공은 내가 형주를 비운 사이에
내 아내 손부인을 빼앗아갔소.
그렇게 무도한 행동을 해놓고
지금 형주를 돌려달라는 거요?
예
거짓말은 하지 않겠습니다.
유비 공. 이 괴로움을 살피셔서 부디….
그러지 않으면 우리 주공 손권 공과 유비 공 사이에
피로 피를 씻는 전쟁이 일어날 것입니다!

손권 공과의 전쟁은 반드시 피해야만 하오.
하지만 형주를 전부 돌려줄 수는….
좋소
그대의 형 제갈근 공의 체면을 생각해서
장사, 영릉, 계양의 세 성은 돌려주겠소.
한데
제갈근 공.
지금 형주를 지키는 관우는 맹장이니
성의껏 설득을 하시오.
예
힘껏 노력 하겠습니다.

* **삼국정립(三國鼎立)의 형세** 유비가 익주를 제압하면서 유비·조조·손권 세 세력이 어깨를 겨루는 상황이 되었으나, 동맹 관계에 있던 유비와 손권은 서로 대립하게 되었다.

제36장 한중의 공방

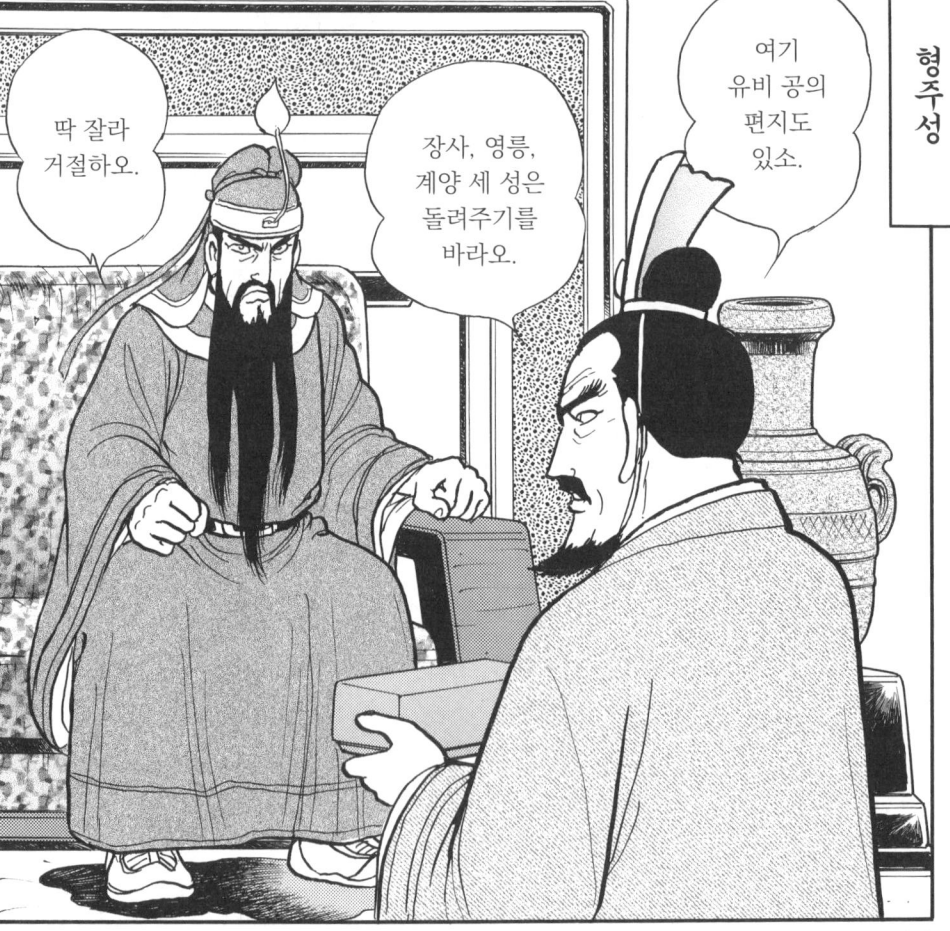

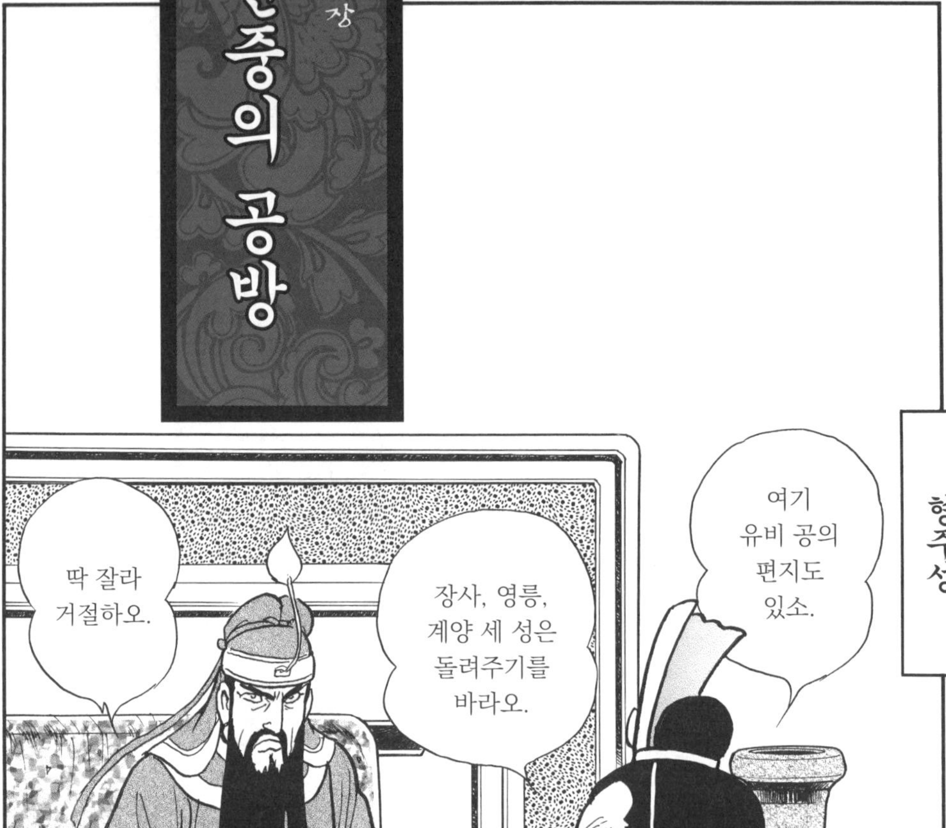
형주성
여기 유비 공의 편지도 있소.
장사, 영릉, 계양 세 성은 돌려주기를 바라오.
딱 잘라 거절하오.

장수는
전쟁터에선 주군의 명령에 따르지 않아도 허용되오.
손권 공이 싸움을 걸어도 좋다는 말이오?
나는 손권 공 따위 두렵지 않소.
공명 선생의 형이지만
그만 돌아가 주시오!
오도 건업성
관우 놈이 세 성 반환 제의를 일축했습니다.

이놈이 감히….
노숙, 어떻게든 하시오!
이렇게 됐으니 병사들을 육구에 모아
관우를 술자리에 초대해 세 성 반환을 요구할 겁니다.
승낙하지 않으면 목숨을 빼앗아야지요.
좋소. 즉시 실행하시오!
육구 임강정
관우 장군. 오늘은 양 진영의 친목을 위해
실컷 마십시다!
그럼
잘 먹겠소.

* **관우와 노숙의 회담** 『삼국지』「오서 노숙전」에 따르면 노숙은 부하들을 백 보 떨어진 곳에 있게 한 뒤, 호신용 칼 한 자루만 가지고 관우와의 회담에 임했다. 이때 유비의 불성실한 태도를 비난하는 노숙의 당당한 주장에 관우는 아무 반론도 하지 못했다.

우선은
건배!
건배!
어쨌든
관우 장군.
유비 공은 형주의 세 성을 오에 돌려준다고 했는데,
장군이 거절하는 이유가 뭡니까?
촉을 빼앗은 이상
세 성은 당연히 반환해야 하오.
아니오
영토라는 건 하늘로부터 받은 것!
그것을 손권 공이….
오랑소!
오에 반환하라는 것은
하늘의 뜻을 무시하는 억지잖소!?
꽝

관우 장군의 목숨을 가져가겠소!
사삭
그럼 병사를 불러
착
관우 장군. 뭘 하는 거요!?
덥석
비틀
너무 많이 마셔서 몸이 휘청거리는군.
아아
취한 나를 배까지 바래다주시오!
딸꾹

출발 하라!
관우 장군. 너무하오!!
으으
노숙 공.
배웅 고맙소.
휘 죽
모두 언젠가 어디서든….
관우를 쏴라!
두고 보자!!
관우 이놈! 용서 않겠다.
으으
전군, 형주로 출진 준비를 하랏!!
두두두
도독!

지금 허도의 첩자에게서
조조군이 30만 대군을 이끌고 오로 출동했다는 보고가 들어왔습니다!
뭐야? 위군이!
모두
즉시 위에 대비할 준비를 하라!!
위의 대군이 밀려온다는 정보는 소문으로 끝났다.
다음 해에 손권은 합비에 출병해서 위군과 격전을 벌였으나 패배했다.
와 와
와 와
와

* **합비(合肥) 전쟁** 합비(지금의 안휘성 합비시)는 위와 오가 소유하기 위해 여러 번 싸운 땅이었다.

건안 20년(215년), 촉의 북쪽 한중에 살던 장로의 오두미도군을 항복시킨 조조는 다음 해에 위의 왕위에 올랐다.
그리고 건안 24년 촉 토벌에 나섰는데, 첫 단계로 정군산을 점령했다. 촉의 유비군은 서쪽의 서산에 진을 치고 조조군과 대진했다.
정군산
하
장
서산
조
황
와
와
와
늙다리, 황충!
나왓!!
이 한판 승부로 유비의 목을 가져가겠다!!
패기 없는 촉군놈들!
서산에 진을 친 황충과 조운의 군사는 맹공을 퍼붓는 위군을 이레 동안 상대하지 않았다.

*** 위의 왕위에 올랐다** 조조는 213년(건안 18년)에 위공이 되고, 3년 후인 216년(건안 21년)에 위왕에 봉해졌다.

黃
모두 공격하라!
지금 위군은 피로가 극에 달했다.
간다! 하후연.
왔구나, 황충!
쩍
컥!

헉
정군산으로 퇴각하라!!
앗!
헉!
위군을 협공하랏!!
정군산
정군산은 우리 것이다.
바보 같은 위나라 놈들.
조조 대왕의 진까지 퇴각이다!!
모두

* **하후연(夏侯淵)** 출생연도 미상~219년. 자는 묘재(妙才). 예주의 패국 초현(지금의 안휘성 박주시) 출신. 조조의 일족으로 하후돈의 사촌동생. 무용(武勇)은 뛰어났으나 조조는 항상 "무용만으로는 필부의 상대밖에 될 수 없다"고 훈계했다.

정군산을 적에게 뺏겼습니다!
대왕.
음….
내가 나설 차례다.
魏
魏
모두 진격하랏!
두두두
두두
魏
魏
魏
魏

趙
趙
趙
주공.
적의 식량을 불태웁시다.
좋소. 그럽시다.
서는 위나라 치중차의 소재를 파악해라.
조운 공은 오늘 밤 1만군을 이끌고
치중차를 태우시오.
예!
그럼
가겠습니다!

* **한중(漢中)을 둘러싼 공방** 한중도는 지금의 협서성 남서부에서 호북성 북서부에 걸친 지역으로 익주의 방위에 꼭 필요한 장소였다.

치중차를
불태워랏!!
어서!
촉군이다!
활
활
활
활
병량을
지켜랏!

한조에 등을 돌린 역적 유비!
오늘은 그 목을 베어주마!
네놈이야말로 맘대로 위왕이라 칭하면서
한을 빼앗으려는 역적 아니냐!
정의의 칼을 받아랏!!
유비를 벤 자는 촉의 주인으로 삼겠다.
모두 공격하랏!

와 와
와 와
좋다. 우리 병사들아,
적을 쳐부숴라!!
돌진하랏!!
놓치지 마라!
주공. 우리 계책대로 한 차례 퇴각하고
장비군과 조운군을 좌우에서 공격케 해
조조를 독 안에 든 쥐로 만듭시다.
좋소!
우리 군은 후퇴한다!

유인하기 위해 퇴각한 지 2각이 지났을 때였다.
좋다.
착
전군 출격!
와
조조를 쳐라!!
張
趙
趙
두두두두두두두두
두두
蜀
蜀
속임수다!
후퇴! 후퇴하랏!!
魏

조조.
이거나
받아라!!
핑
팍
헉!!
빨리
후퇴하랏!!
저
차로!
크억.
쿵
효한으로
헌혁….
대왕.
어떻게
할까요?
대왕!!

모두 장안으로 진격한다!!
덜컹 덜컹
위군은 시체를 남기고 퇴각했다.
魏
장안으로 진격?
그렇구나. 대왕은 퇴각이라는 말을 하고 싶지 않아 진격이라고….
옙!!
蜀
이겼다!!
공명 선생의 작전은 신의 조화요.
趙
張
조조도 꼬리를 감추고 달아났소.

* **장안(長安)으로의 철퇴(撤退)** 한중에서 유비와 대립하던 조조는 어느 날 야간 군호를 '계륵(鷄肋)'이라 했다. 이는 "닭의 갈비는 버리기에는 아깝고 먹기에는 살이 별로 없다"는 의미로 한중에서의 철퇴를 시사한다(『삼국지』「위서 무제기」).

성도성
주공은 지금 사천 한수의 광대한 땅을 제압해
천하를 삼분하는 데 완벽히 성공했습니다.
무슨 말이오?
나는 한의 혈통이라고는 하지만 아직 신하된 몸!
아니요
조조가 위왕이 됐으니 주공이 왕위에 오르시지 않으면
병사들도 백성들도 안심하지 못합니다.
그러니 한중왕에….
관우 장군, 장비 장군 등 모든 장수가 바라고 있으니
부디!
좋소.
선생의 말에 따르리다.

건안 24년(219년), 유비의 적자 유선이 왕태자가 되고, 공명은 정식으로 군사장군에 취임했다. 또한 관우, 장비, 조운, 마초, 황중은 오호대장의 칭호를 받았다. 법정은 상서령, 위연은 한중 태수에 임명되었다.
만세!!
한중왕 유비 현덕 만세!!
만세
만세! 만세!
만세
만세!!
만세

***** **위연(魏延)은 한중 태수** 위연은 유비가 포부를 묻자 "조조가 직접 공격해 오면 대왕(유비)을 위해 이를 막고, 위의 부장이 군대를 이끌고 오면 대왕을 위해 이를 섬멸하겠습니다"라고 대답하여 유비를 기쁘게 했다(『삼국지』「촉서 위연전」).

오군 건업
유비, 이놈.
내게 형주를 돌려주지도 않고
조조에게 한중까지 빼앗아
한중왕에 오르다니, 용서 못한다!
즉시 조조에게 사자를 보내라!
주공. 이제는 조조와 동맹을 맺고
오와 위가 관우를 공략해
형주를 나누는 것도 한 방법일 것입니다.
으흠
좋소.

* **위와 오의 동맹** 손권이 조조에게 신하로서 따르겠다고 제의한 것은 유비가 한중왕이 되기 2년 전의 일이었다.

제37장 관우의 운명

* **번성(樊城)** 번성은 지금의 호북성 양번시. 조조군의 부장 조인이 주둔하며 다스렸다.

위와 오가 동맹을 맺었다는
정보를 입수한 관우는
선수를 쳐서 형주 북단과
번성을 지키는
위의 조인을 토벌하러
나섰다.
번성
關

허도
뭐야
관우가 번성을…!?
즉시 우금과 방덕을 조인의 지원군으로 보내라.
좋다
손권군과 협공하라.
나도 출진한다!
관우군과 번성을 나온 우금·방덕군이 격돌했다.
두두두
두두
단번에 번성을 함락한다.
모두 공격!
우오
방덕, 받아랏!
슝
컥!
우금.
네놈도 죽여주마!
흑
목숨만은 살려 주십시오.
관우 장군.
좋다
이놈을 묶어라.

네놈들도 똑같이 당하고 싶으냐!!
번성으로 달아나라!
魏
魏
관우여!
내가 여기에 온 이상
너희를 일망타진 하겠다!
앗
조조!
두고 봐라, 조조.
조만간 그 목을 베줄 테니.
각오 해라!
일단 지금은 양양성까지 후퇴한다!

*** 우금(于禁)과 방덕(龐德)** 관우가 번성을 포위하자 조조는 방덕과 우금을 지원군으로 보냈으나(『삼국 「위서 방덕전」에서는 관우가 공격해 왔을 때 이미 형주에 있었다고 한다) 관우군에게 패한다. 관우에게 항복한 우금은 손권이 관우를 무찌른 뒤 위로 돌아왔으나 남은 생을 굴욕스럽게 살다가 죽었다.

양양성
아버님.
척후병의 보고에 따르면
오의 도독 여몽은 배를 잃아 물러나고
육손이라는 애송이가 뒤를 이었답니다.
오호
나의 걱정은
노숙의 뒤를 이은
여몽에게 배후를 공격당하는 것뿐이었다.
육손이란 놈은
조조와 조인을 물리치고 돌아와
갈기갈기 찢어 버리고
오를 공격하겠다.
와하하하
기뻐하는 유비님의 모습이 떠오르는군요.
오랜만에 유비 형님의 웃는 얼굴이 보고 싶구나.

*** 여몽(呂蒙)** 178~219년. 자는 자명(子明). 예주의 여남군 부파(지금의 안휘성 부남현 동남) 출신. 젊은 시절에 양주로 건너가 의형이 손책의 부장이었던 인연으로 손책, 손권을 섬기게 되었다. 노숙이 죽자 그의 군세를 이어받아 육구(지금의 호북성 포은시)에 주둔했다.

그러나 오군이 흘린 여몽 사직 정보는 거짓이었다.
여몽은 상인으로 변장하고 형주에 잠입해
남군, 강릉, 공안 등 여러 성을 탈취하는 작전을
지휘하는 한편, 조조와 연락해서
관우를 협공할 태세를 갖추었다.
번성
魏
조조! 조인!
나와랏!
오늘은 형주의 정예를 다 이끌고
네놈의 목을 베러 왔다!!
멍청한 관우야!
위왕인 내겐 30만 군사가 있다!

나는 예전부터 너의 실력과 인품이 마음에 들었다.
항복하면 대장군으로 등용하마!
항복하지 않으면 네 목숨은 없다!!
역적 조조!
나와 유비 형님, 장비가 도원에서 결의한 지 27년,
나는 한조의 부흥이 사명이라고 믿는 사람이다.
너 같은 놈에게 목숨을 잃어서야 되겠느냐!
모두 조조의 목을 베어랏!!
와 우 와 와 와
양군은 격렬히 싸웠으나 중과부적인 까닭에 아수라처럼 싸우던 관우도 관평도 조금씩 후퇴했다.
와 와 와
중과 부적….
베어도 베어도 끝이 없구나!
안타깝지만 공안으로 후퇴한다!
와

장군.
다그닥
여몽의
복병에게
공격당해
공안, 강릉,
의도 세 성을
빼앗겼습니다.
뭐라고!?
여몽이
사직한 게
아닌가!?
사직은
속임수고
상인으로
변장해
오군을
지휘하고
있었답니다.
이렇게
된
이상
여몽을
베지 않으면
형님을
뵐 면목이
없다.
아버님,
저기를!
여몽,
간교한
짓을….

두두두
관우의 목을 베라!!
두두두우
와
관평.
어떻게 할까?
맥성쯤에서 난을 피하시지요.
적은 약 3만,
아군은 천 명 정도입니다.
좋다.
모두 우회해서 맥성으로 간다!!

맥성
결국 형주를 잃었구나.
분하다.
약한 소리를 하시는군요, 아버님.
유비 님이 계신 촉으로 가면
재기의 길이 열릴 겁니다.
맞는 말이다, 관평.
그럼
100명을 이끌고 은밀히 촉으로 가자.
북문에는 적이 보이지 않는구나.
예
그럼 북문으로 가시죠.

척
척
척
적장
관우를
생포했다.
성공!
척
척
척
쨍
척
털
썩
으악!
맹장
관우도
우습군.
이 여몽의
손에
걸리면
하
하
하
우
누구냐?
비겁한 짓을
하는 놈은!?

여몽.
정당하게 승부를 겨루자!
자, 이놈들을 묶어라!!
주공께 데려가!
제기랄!
아버님.
네놈에게 힘으로는 당할 수 없어 붙잡은 것이다.
우하하
관우 공, 오랜만이오.
오늘부터 내 밑에서 일해볼 생각은 없소?
이놈
손권!!
무슨 소리냐!

* **손권과의 대면** 『삼국지』「촉서 관우전」의 주에는 관우·관평과 대면한 손권이 그를 살려서 조조와 대결시키려 했으나 측근들이 반대해 베어 죽였다는 이야기가 있다. 인용한 배송지(裴松之)는 엉터리 기사라고 단정했지만, 『삼국지연의』에서는 이 이야기를 바탕으로 손권과 대면한 장면을 창작했다.

나는 예전에 유비 형님, 장비와 결의를 맺고
한조 부흥을 원해왔다.
그런데 네놈 밑에 있으리라 여기는가!!
발끈
여몽.
어찌 생각하오?
관우는 의형 유비 외에는 섬기지 않을 사내이니
죽일 수밖에 없습니다. 관평도….
그렇군.
그럼
녀석들에게 마지막 술을 마시게 하라.
꿀꺽
꿀꺽
벌컥
벌컥
마지막 술이
맛있구나.
예. 그렇군요.

그럼 주연과 반장이 둘의 목을 쳐랏!
댕강
댕강
유비 형님, 장비, 공명 선생.
내 원한을 반드시 풀어주시오!
번쩍
번쩍
번쩍

쿠쿵ㅡ
으악!
찌릿 찌릿 찌릿
털썩
쿵!
이는 건안 24년(219년)의 일로 관우의 나이는 58세였다.
아…!
덜덜
덜

*** 여몽의 최후** 형주를 제압한 직후 여몽이 병에 걸리자 손권은 병을 낫게 하는 사람에게 큰돈을 준다고 포고하는 등 온갖 수단을 썼으나, 보람도 없이 여몽은 42세에 죽었다(『삼국지』「오서 여몽전」). 한편 『삼국지연의』에는 관우를 벤 뒤 주연에서 여몽이 관우 귀신에 들려 몸의 모든 구멍에서 피를 흘리며 죽었다고 나온다.

허둥지둥
형님!
관우 형님이 손권군의 손에 죽임을 당했다는 소식입니다.
흑흑
뭐! 관우가!?
관우 장군이 손권에게?
그러면 형주도 손권의 손에 넘어간 건가.
아….
도원에서 생사를 함께하자 맹세했던 관우가…!
형님!
관우 형님의 원수는 반드시!
갚는다!
원수를 놔둘까 보냐!!

여몽이 관우 귀신에 들려 죽는 것을 본 손권은 관우의 목을 염장해서 조조에게 보냈다.
의롭던 맹장 관우도
결국 이 꼴이 되다니…!
이는 관우의 원한을 대왕께 향하게 하려는 음모니
주의 하십시오.
음
그런가, 사마의?
번쩍
헉!
이, 이것은…!
대왕. 관우의 목을
후하게 장사지내 원한을 사지 않게 하십시오.
음
그렇게 하게.

그러나 그날 이후 매일 밤 조조의 꿈에
관우의 망령이 나타나 악몽의 밤이 계속되었다.
그래서 조조는 사마의의 제안대로 신도 낙양에
새 궁전인 건시전(建始殿)을 짓기로 했다.
으… 아….
으으 으으….

새 궁전의 마룻대에 어울리는 큰 배나무가
약용담 옆 사당에 있는데,
신목(神木)이라 도끼가 들어가지 않는답니다.
바보 같은….
좋다! 내가 도끼로 베어 보이지.
안내하게.

이건가?
꽝
봐라!
착
으억

관우의 목 『삼국지』「촉서 관우전」의 주에는 손권이 관우를 베어 그 목을 조조에게 보내자 조조가 제후의 예식으로 장사했다고 되어 있다. 관우의 목은 현재 낙양에 있는 관림에 묻혔다고 한다.

네놈이 새 궁전을 짓는 것은 한조를 빼앗을 속셈이지.
네놈 따위 내가 죽여주마.
우하하…
으으
이것도 관우의 저주인가!
이를 계기로 조조는 급속도로 수척해져갔다.
대왕.
마음을 굳게 하십시오.
아니
『논어』에도
생사는 운명에 달렸다고 하지 않소.
사마의.
이것도 천명이오.
왕자들과 중신을 불러주시오.
유언을 하고 싶소.

* **내가 도끼로 베어…** 조조는 낙양에 건시전을 세우려고 신목을 베어 넘어뜨렸는데, 그때 신목에서 피가 흘러나왔다. 또한 소월(蘇越)에게 큰 배나무를 옮겨 심게 했는데 나무뿌리에서 피가 계속 흘렀다. 조조는 그 뒤로 병상에 눕게 됐다(『삼국지』「위서 무제기」).

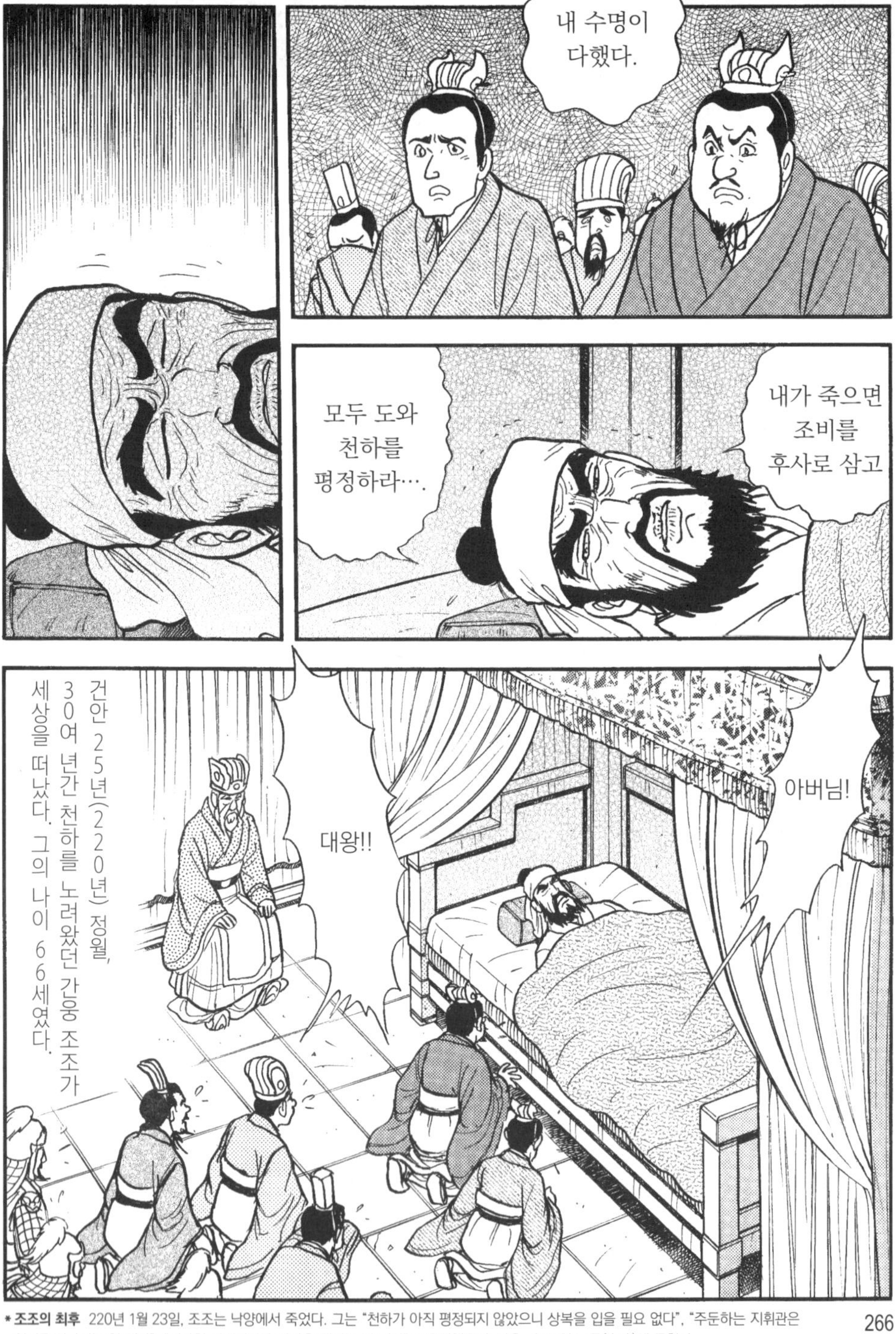
내 수명이 다했다.
내가 죽으면 조비를 후사로 삼고
모두 도와 천하를 평정하라….
아버님!
대왕!!
건안 25년(220년) 정월, 30여 년간 천하를 노려왔던 간웅 조조가 세상을 떠났다. 그의 나이 66세였다.

* **조조의 최후** 220년 1월 23일, 조조는 낙양에서 죽었다. 그는 "천하가 아직 평정되지 않았으니 상복을 입을 필요 없다", "주둔하는 지휘관은 임지를 떠나서는 안 된다", "지나친 장례식이나 매장을 해서는 안 된다"고 유언했으며, 다음 달 23일 고릉(高陵)에 묻혔다.

제38장 장비 죽다

*** 위도 낙양(洛陽)** 후한말 황제가 거주한 수도는 허도(지금의 하남성 허창)였으나, 헌제의 선양(禪讓)으로 위왕조가 건국되자 220년 12월 위의 문제(조비)는 궁전을 짓고 낙양을 수도로 정했다. 그전까지 수도였던 허도는 허창으로 개명되었다.

위 왕위에 오른 조비는 사마의에게 명해 한조의 헌제에게 강권(強權)을 발동했고, 제위를 선양하도록 강요해 결국 승낙을 받아냈다.
지금 위왕 조비님이 대위 황제에 올랐다.
황제님. 축하합니다.
같은 해 10월, 조비는 국호를 대위(大魏)로 하고 대위 황제의 자리에 올랐다.
대위 황제 만세!
만세!!
만세 만세!
만세 만세!!
서기 220년, 한의 고조 유방이 즉위한 이래 420년의 긴 세월 동안 이어졌던 한제국은 이로써 완전히 멸망했다.

대왕.
지금 위왕 조비가 한의 헌제를 물러나게 하고
스스로 대위 황제가 됐습니다.
뭣이!
조조의 아들이 한조를 멸망시켜!?
용서 못해.
나는 용서치 않겠다!!
공명 선생.
당분간 정무를 맡아주시오.
기운을 내십시오 대왕….
헌제의 마음을 생각하니 견딜 수가 없소.

* **선양(禪讓)** "덕이 있는 자에게 천자의 자리를 양보한다"는 방침으로 행해지는 무혈 왕조 교대. 사실은 물론 찬탈이었다. 선양과 달리 무력으로 극악한 천자(구 왕조)를 타도하는 것을 '방벌(放伐)'이라 한다.

이듬해 봄
유비님.
이번에 부디 한중왕에서
촉한 황제의 자리에 오르십시오.
제발 황제가 되어주십시오!
아닙니다
조비가 헌제를 폐위시키고 대위 황제에 즉위한 이상
한조의 황통이 끊기지 않게 하려면
다른 방안이 없습니다.
그대들은 나를 불충하게 하려는가?

* **헌제(獻帝)의 처우** 조비에게 선양한 헌제는 사례(위에서는 사주)의 산양현(지금의 하남성 초작시 남동)에 보내져 1만 호 정도의 영지와 함께 산양공으로 봉해졌다. 또 전과 마찬가지로 천자의 의례로 하늘에 제사를 지내는 일과 상서를 올릴 때 '신(臣)'이라 하지 않아도 되는 등의 대우가 인정되었다. 또 헌제의 네 아들은 제후로 봉해졌다(『삼국지』「위서 문제기」).

천하 백성들의 생각은 어떤가?
저희도 공명 선생, 장비 장군과 같은 생각입니다
그건….
그
형님이 한실의 뒤를 잇지 않으면
대체 누가 잇겠소?
조비가 멸망시켰다고 하지만,
한실을 사모하는 마음은 만백성이 같습니다.
잘 결단해 주셨습니다.
그럼 즉시 기일을 택해 즉위 대례를 거행하겠습니다.
한중왕 님….
유비님. 부디!
알았소.
그래
여러분과 백성의 뜻을 무시할 수 없으니
천명에 따르겠소.

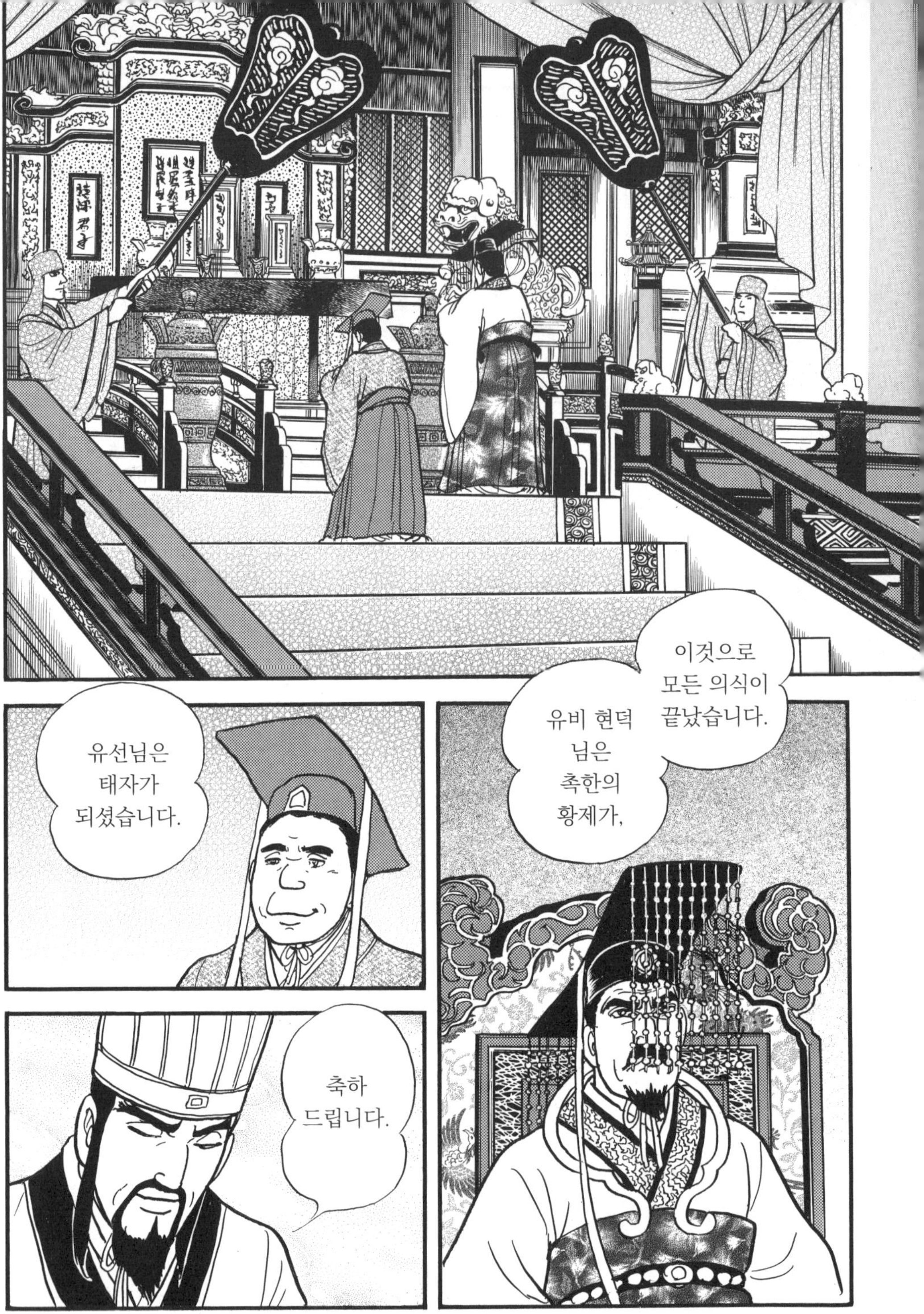
이것으로 모든 의식이 끝났습니다.
유비 현덕 님은 촉한의 황제가,
유선님은 태자가 되셨습니다.
축하 드립니다.

* **유비의 즉위** 유비는 221년 4월 6일 성도에서 즉위하고, 연호를 장무(章武)로 바꿨다.

신황제 만세!
촉한 황제 만세!
축하합니다!
짐은 한조 부흥을 위해
온 힘을 다하겠소.
여러분도 더 협력해 주시오.
옛!
촉한 제국의 승상직은
제갈공명 공이 맡아 주시오.
알겠소?
예
사력을 다해 받들지요.
폐하.
저는 찬성할 수 없습니다.
그건 그렇고, 황제로서 짐의 첫 임무는
의제 관우를 죽이고 형주를 빼앗은 오나라 손권 토벌이오.
모두 알겠소?

이유가 뭐요? 조운!
지금 촉한 제일의 역적은
누가 뭐래도 한의 헌제를 폐한 조비입니다.
조비를 쓰러뜨리는 것이야말로
우리 촉한의 사명일 것입니다.
조운.
그대는 내게
의제 관우의 복수를 포기하라는 것이오!?
관우 장군을 잃은 폐하의 슬픔은
제 슬픔이기도 합니다.
하지만
천하제일의 대의에 비한다면
그것은 사사로운 정이 아닙니까?
닥쳐라, 조운!
30여 년 전, 폐하와 관우 형님과 나는
의형제를 맺었다.
그런데 원수 갚는 것이 사사로운 정이란 말이냐!?

기다리시오, 장비 장군.
조운 장군도 관우 장군의 원수를 갚지 말라고 하진 않았소.
우선 조비를 멸망시키고
때를 보아 손권을 쳐야 한다는 말일 것입니다.
폐하.
촉군이 관우 형님의 원수를 갚지 않는다면
제 수하를 이끌고 가서라도 손권을 치겠습니다!
장비 장군.
나도 조운 장군의 의견에 찬성하는 바요.
승상의 말이라도
용서 못하오.
상관 없소!
그러면 촉은 흩어지게 되고 맙니다!

***손권 토벌은 옳은가 그른가** 유비가 동정(東征) 결의를 발표했을 때, 익군장군(翊軍將軍) 조운과 종사제주(從事祭酒) 진복(秦宓) 등의 군신은 출병을 반대했으나 유비는 이를 듣지 않았다.

폐하.
저는 목숨을 바쳐서라도 손권을 지옥에 보내고 싶습니다.
유비 형님. 이 기분, 아시지요?
네 기분을 왜 모르겠느냐?
그때가 반드시 올 테니
영지 낭중으로 돌아가서 병사를 훈련시키며 지시를 기다려라.
어서!
형님의 말씀이니
저는 낭중으로 가겠소.
부탁하오, 형님….
흑흑

* **범강(範疆)과 장달(張達)** 모두 장비의 부장. 『삼국지』 「촉서 장비전」에는 동정(東征)에 나서기 직전 장비를 죽이고 손권에게 갔다고만 했을 뿐 원인은 나와 있지 않다. 『삼국지연의』에서는 군대의 흰 갑옷을 사흘 이내에 조달하라는 명령에 무리라고 했다가 채찍형을 당한 것을 원망해 범행을 저지른 것으로 나온다.

낭중성
오늘부터 훈련에 들어간다.
한데
우리 군은 5만이 안 된다.
범강! 장달!
너희는 한 달 안에 각각 5천 명의 병사를 조달해라.
조달하지 못하면 중죄에 처하겠다!
옛!
최선을 다하여 따르겠습니다.

사 사
충방진으로 진격하랏!
옛
!!
사 사

다음은 안항진 이닷!
사 사 사
사 사

오늘이
한 달째다.
병사는
모았겠지?
저는
아직
3천….
저는
3천7백….
뭐야!
이게
무슨
꼴이냐!
범강과
장달에게
채찍질을 백 번
가하라!!
채찍형이닷!
철썩
철썩

못 채우면 사형에 처하겠다!!
열흘 안으로 5천 명을 채워라.
구십팔.
악!
철
썩
크억!
구십구.
백!
철
썩
그런데 열흘 안에 5천을 모으는 건 불가능해.
안 되면 우리를 죽일 걸세.
아프다. 장달….
여보게, 장달.
장비를 해치우고 오로 가면
손권이 기뻐하지 않을까?
좋아. 하세!
장비는 매일 밤 술에 취해 잠드니
그때 푹~!

드르렁
드르렁
음… 세상모르고 자는군.
번쩍
단번에 해치우세.
푹
푹
푹
푹

* **장비의 죽음** 장비는 낭중(지금의 사천성 낭중현)에 주둔 중이었고, 강주(지금의 사천성 중경시)에서 유비와 합류할 예정이었으나 출발 직전 살해됐다.

헉
으으…
이놈들….
벌떡
해,
해치웠다!
크어억!!
관우 형님의
원수도
갚기 전에….
분하다!!
유비 형님,
부탁하오.
콸럭
쿵
자
오로
달아나자!
댕강
어서
장비의
목을….
서둘러!
빨리!!

장비의 죽음은 그날 밤
그의 아들 장포에 의해
유비에게 보고되었다.
뭐라고? 장비가!!
예, 폐하.
아버지는 채찍질한 두 장수에게….
그놈들은 어찌 됐느냐!
오로 달아났습니다.
손권에게?
장포.
장비가 관우의 복수를 지나치게 서둘렀느냐?
예
항상 그 얘기만 하셨습니다!

* **관우와 장비의 시호(諡號)** 관우에게는 장목후(壯繆侯), 장비에게는 환후(桓侯)라는 시호가 내려졌으나, 이것은 사후 40년 가까이 지나고 나서였다. 후왕 유선(劉禪)의 대인 경요(景耀) 3년(260년)에 마초, 방통, 황충과 함께 시호가 내려졌다.

관우와 장비, 짐은
태어난 때는 달라도
죽을 땐 같이 죽자고 맹세한 사이이다.
관우도 장비도
손권에게 살해된 것이나 마찬가지….
내 이놈을 용서치 않겠다!
폐하.
장비 장군까지…?
다다다
누가 막든 짐은 손권을 죽일 것이다.
알겠소, 승상!!
저도 이렇게 부탁합니다.

폐하.
승상.
저 관흥도 반드시
아버지와 형 관평의 원수를 갚을 수 있게 해주십시오!
이렇게 된 이상
폐하의 결의를 더는 막을 수가….
짐에게 무슨 일이 생겨도
우리 촉에는 공명 승상이 있지 않소!
승상.
부탁하오.
무슨 말씀입니까?
제가 폐하를 대신할 수 있겠습니까!?

* **장포(張苞)와 관흥(關興)의 선진 다툼** 출격에 즈음해 장포와 관흥은 서로 선봉을 자청하고 나서 활쏘기로 승부를 겨뤘으나 결론이 나지 않았다. 그러자 장포는 창을, 관흥은 언월도를 꺼내 들고 싸우려 했다. 이때 유비는 싸움을 말리고 한 살 많은 장포를 형으로 삼아 의형제를 맺게 했다(『삼국지연의』).

내가
관우와
장비
그리고
관평의 원수를
갚을 수 있게
해주게!
조운
장군.
이렇게 된
이상….
모든 것을
폐하께
승상.
맡길 수밖에
없겠습니다.
좋다
짐은
손권을
치고
오를
멸망시켜야
한다!
즉시
촉 전역의
병사들에게
손권 토벌 명령을
내려랏!!

성도성 문밖
촉을 부탁하오.
고맙소.
폐하의 무운을 빕니다.

제39장 유비의 동정(東征)

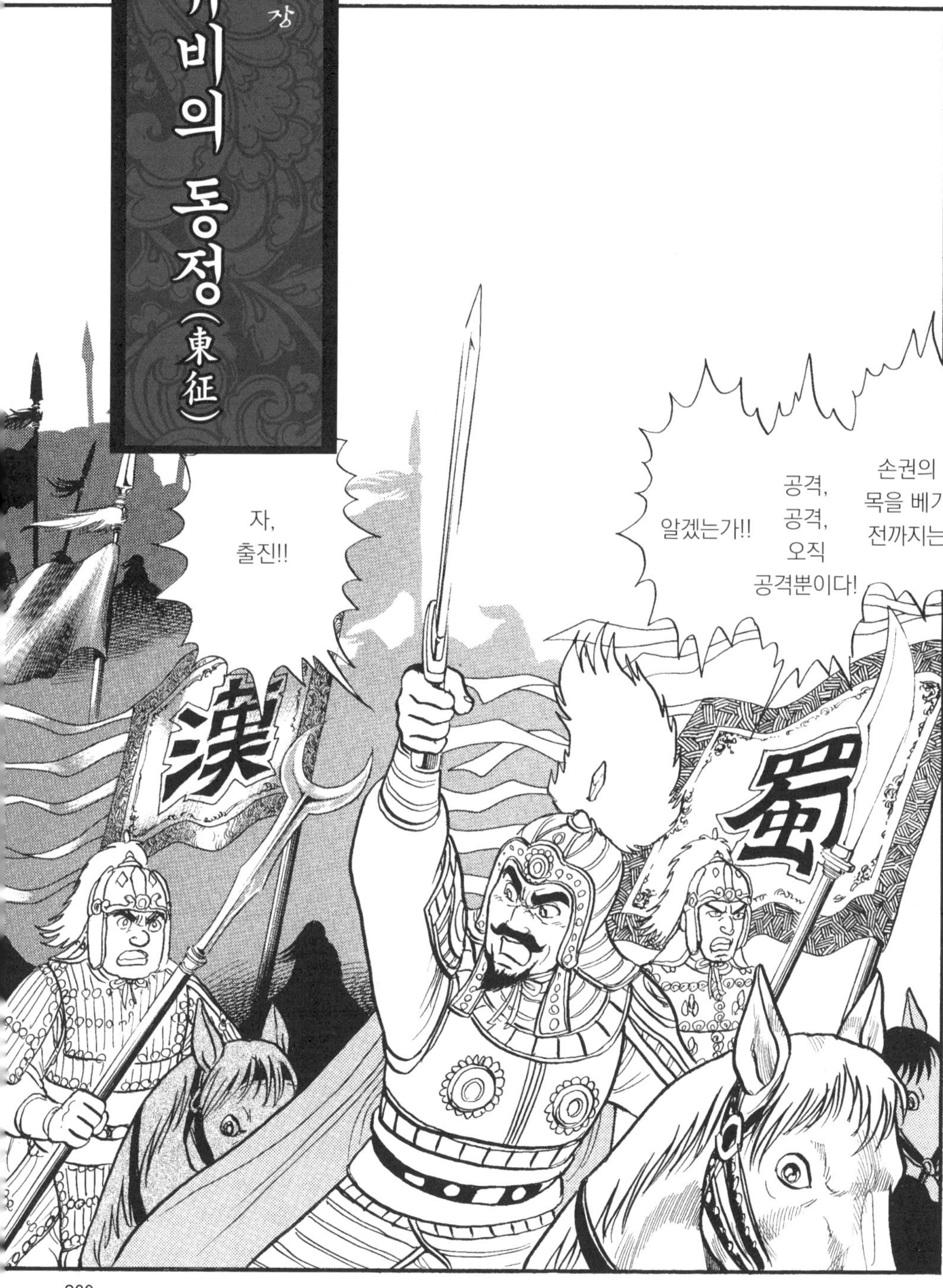
손권의 목을 베기 전까지는
공격, 공격, 오직 공격뿐이다!
알겠는가!!
자, 출진!!
漢
蜀

촉군 50만은 노도처럼
오를 향해 나아갔다.
성도성에는 승상 제갈공명과 조운이
얼마 되지 않는 병사들과 남아
태자 유선을 지켰다.
장무(章武) 2년의 일이었다.
오-!!

* **촉군 50만** 유비가 실제로 거느린 병력은 10만 정도였다고 한다. 촉에서는 황권(黃權), 마량(馬良), 오반(吳班), 풍습(馮習), 진식(陳式) 등이 유비를 따르고 도중에 만왕(소수민족의 장) 사마가(沙摩柯)의 군대가 합류한다.

* **유비의 진발(進發)** 황제에 즉위하고 3개월 뒤인 221년(장무 원년) 7월, 유비는 군사를 이끌고 오 정벌에 나섰다.

오의 손권은
촉과 화친하고 싶어
백제성에 도착한 유비에게

특사로 보낸다.

폐하의 동정은 의제 관우 장군의 원수를 갚기 위해서일 것입니다.
그뿐만이 아니오.

장비의 목을 벤 것도
손권에게 돌아선 범강과 장달의 소행이오.
짐과 관우, 장비가
의형제 맹세를 한 사이라는 건 알고 있겠지?
하지만
관우 장군을 벤 자는 여몽이지
손권 공이 아닙니다.
여몽 또한 관우 장군의 저주로 목숨을 잃었습니다.
범강, 장달도 포박해서 폐하 앞에 대령하겠습니다.
안 돼!
살아 있는 관우와 장비를 돌려주지 않는 한
안 돼!!
그럼 사죄의 증표로 형주를 돌려드리겠습니다.
무슨 말을 하는 건가?
형주는 내 손으로 탈환하겠다.
그리고 손권의 목을 베지 않고는
이 전쟁을 끝낼 수 없다.
돌아가서 손권에게 말하라. 목을 씻고 기다리라고!

와
와
와
연막탄을 던져랏!
적을 몰살시켜랏!
와
손권의 목을 벨 때까지 돌진!

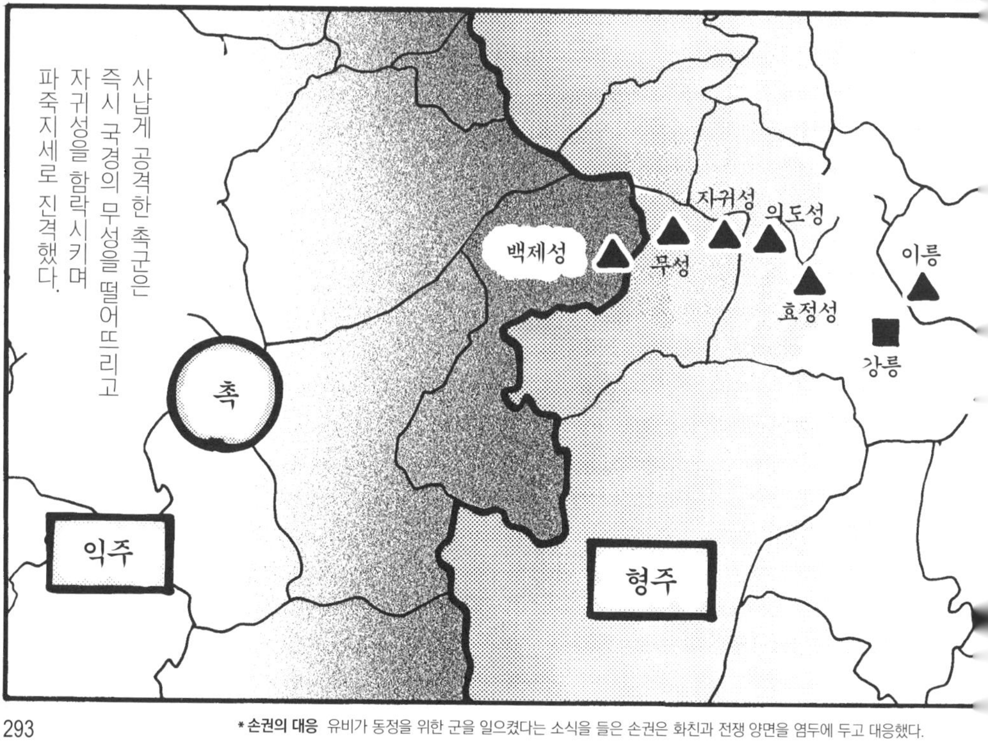
사납게 공격한 촉군은 즉시 국경의 무성을 떨어뜨리고 자귀성을 함락시키며 파죽지세로 진격했다.
자귀성
의도성
백제성
무성
이릉
효정성
강릉
촉
익주
형주

***손권의 대응** 유비가 동정을 위한 군을 일으켰다는 소식을 들은 손권은 화친과 전쟁 양면을 염두에 두고 대응했다.

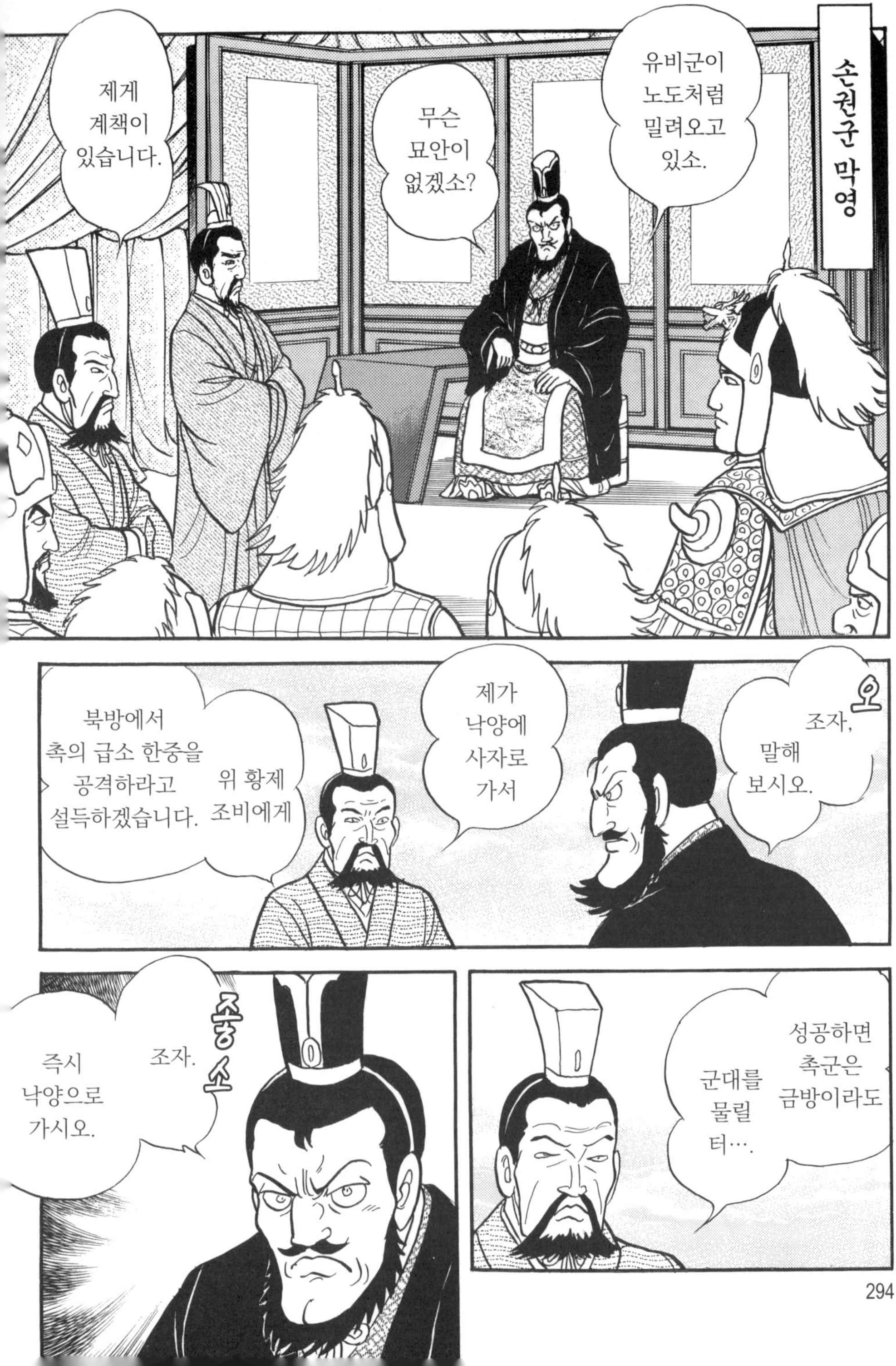
손권군 막영
유비군이 노도처럼 밀려오고 있소.
무슨 묘안이 없겠소?
제게 계책이 있습니다.
오
조자, 말해 보시오.
제가 낙양에 사자로 가서
위 황제 조비에게
북방에서 촉의 급소 한중을 공격하라고 설득하겠습니다.
성공하면 촉군은 금방이라도
군대를 물릴 터….
조자.
즉시 낙양으로 가시오.
좋소

＊조자(趙咨) 출생연도 사망연도 미상. 자는 덕도(德度). 형주의 남양군(지금의 하남성 남양시) 출신. 『삼국지』「오서 오주(손권)전」의 주에 따르면, 손권에 의해 중대부(中大夫)로 발탁된 조자는 위나라에 가서 주군을 욕되게 하지 않는 훌륭한 대답으로 위나라 인사들에게 높은 평가를 받았기 때문에 손권이 그를 기도위(騎都尉)로 승진시켰다고 한다.

단도직입으로 말해보시오, 조자.
폐하.
촉이 총력을 다해 오를 침략하는 동안이
귀국에는 촉을 공격할 절호의 기회가 아닙니까?
두 가지 계책이 있습니다.
첫째는 북쪽의 한중부터 침략해서 촉을 삼키는 것,
둘째는 오군을 도와서
유비 현덕의 목을 치는 것입니다.
후후
제멋대로 지껄이는구나.
그런데 짐은 촉에 공명이 남아 있는 게 불안하다.
그것은 우리 손권 주공께서도
늘 하는 말씀입니다.

역시 그렇군
하하하
어쨌든
조자.
짐이 어떻게 움직일지는 잠시 정세를 살펴본 뒤 결정하겠다.
하지만
우선 그대의 주인 손권을 오왕으로 임명하겠다.
폐하, 감사합니다.
그 말씀에 주공께서도 무척 기뻐할 것입니다.
그것만으로도 유비 녀석이 위협을 느낄 터이니.
그러나 오의 손권이 실질적으로 위제(魏帝) 조비에게 항복하고 오왕에 임명되었다는 소식은 유비의 분노를 더 부채질하는 결과를 가져왔다.
조비는 제갈공명이라는 존재를 두려워하여 움직이지 않았다. 아니, 움직일 수 없었다.

자귀성
뭣이!
손권이 조비 밑으로 들어갔다고!?
지조도 없는 놈이구나!
좋다.
전군은 의도성, 효정성으로 진격한다!
우 오
蜀
두 두 두 두두두

효정성
號亭城
유비군은 마침내
국경에서 7백 리 떨어진
효정성까지 점령했다.

유비군의 기세에 눌린 손권은
장비를 참살하고 오로 도망쳤던
두 장수를 잡아 장비의 머리와 함께
유비에게 보내며 화친을 청했다.
폐하.
저는 손권의 명으로
폐하의 노여움을 풀어드리려고
장비 장군의 머리가 담긴 나무통과
범강, 장달을 끌고 왔습니다.

* **효정(猇亭)** 지금의 호북성 지강현 서방에 있는 고로배진(古老背鎭). 이곳은 북·동·서 세 면이 산지에 둘러싸여 있고 남으로는 장강을 바라볼 수 있는 전략상의 요충지로, 익주에서 출격한 유비는 222년 6월 수로 촉군의 주력을 이끌고 효정에 출진해 본진을 차렸다.

받아
주십시오.
얼마나
원통했느냐!
동생아….
흑흑
아버지!
아버지
….
스릉
네놈들이
아버지의
목을…!

아버지의 원수!
땡강
땡강
잘못을 알렸다!!
헉!
손권에게 전하라.
관우와 장비가 살아 돌아오지 않는 이상
짐의 분노는 사라지지 않는다.

* **범강과 장달의 최후** 『삼국지』「촉서 장비전」에는 범강과 장달이 장비를 죽인 뒤 머리를 가지고 오로 달아났다고만 할 뿐 그 뒤 이야기는 적혀 있지 않다. 『삼국지연의』에는 두 사람이 유비에게 보내져 장포(張苞)에게 난도질당했다고 나온다.

형주를 돌려 드려도…?
그 외에는 어떠한 화친 수단도 없다!!
물론!
짐의 분노는 손권의 목을 벨 때까지 풀리지 않을 것이다.
당장 꺼져라!

孫
이렇게까지 했는데도
유비는 여전히 나를 공격하겠단 말인가!?
제군. 자, 이제 어떡하면 좋겠는가?
예
주공의 머리를 벨 때까지는….
남은 수단은 하나뿐인 듯합니다.
오
제갈근, 말해 보시오.
육손 공을 대도독으로 임명하고
전체 지휘권을 주는 것입니다

* 육손(陸遜) 183~245년. 자는 백언(伯言). 양주의 오군 오현(지금의 상해시 송강현) 출신.

육손은 아직 너무 젊지 않습니까?
아니오
그는 여몽 공을 도와서
관우군을 무찌른 지장(智將),
오를 구할 사람은 육손뿐이오.
좋아
결정했다.
즉시 육손을 불러라!
이번에 그대를
대도독에 임명하기로 했다.
마음껏 역량을 발휘해주게.
대왕. 부탁드릴 것이 하나 있습니다.
말해 보라.
젊은 제가 어떤 명령을 해도
모든 장수가 따르라고 명해주십시오.

알았다.
모두 알겠나?
잘 알겠습니다.
그럼
제 방책을 말씀 드리겠습니다.
제가 명령을 내릴 때까진
유비군과 절대 대결하지 말고
철저히 수비할 것!
대왕. 아시겠습니까?
음
육손.
그 방책은 대충 짐작이 가는군.
주유도 노숙도 없으니
유비를 쳐부술 사람은 그대뿐!
제갈근과 의논해서 계획한 대로 싸워주게.
그렇다면 저는 반드시 유비군을 격퇴하겠습니다!

효정성
폐하. 지금 오의 대도독에
육손이 임명됐다는 첩자의 보고가 들어왔습니다.
마량. 육손은 어떤 사내인가?

그 애송이도 관우의 목숨을 빼앗은 자 중 하나로군.
여몽과 함께 형주를 빼앗은 것도 육손의 계획이었습니다.
젊으나 재주와 지혜가 풍부하고,
모략이 뛰어난 자라고 합니다.
잡아서 갈기갈기 찢어주겠다.
그렇지
장포.
관흥.
예
힘을 다해 싸우겠습니다.
그런데 폐하.
지금까지 여러 번 말씀드린 대로
저희 진형이 너무 긴 듯합니다.
수비를 더 견고히 해야 합니다.
아니다. 연전연승을 해온 우리 군이 아니냐!
손권의 목을 벨 때까지는 지옥 끝까지라도 공격한다.
마량.
내일은 형주성으로 군사를 진군시키라고 모든 장수에게 명하라!

***마량(馬良)** 187~225년. 자는 계상(季常). 형주의 양양군 의성현(지금의 호북성 의성현 남쪽) 출신.

손자도 백전백승은 좋은 게 아니라고 하지 않았습니까?
마량.
그대는 짐의 명령을 따르기만 하라.
나는 손권의 목을 베고 오를 멸망시킬 때까지는
계속 싸울 것이다.
관흥과 장포는 물론
모든 장수는 그리 알라.
알겠나!!
예-!!

제40장 육손의 덫

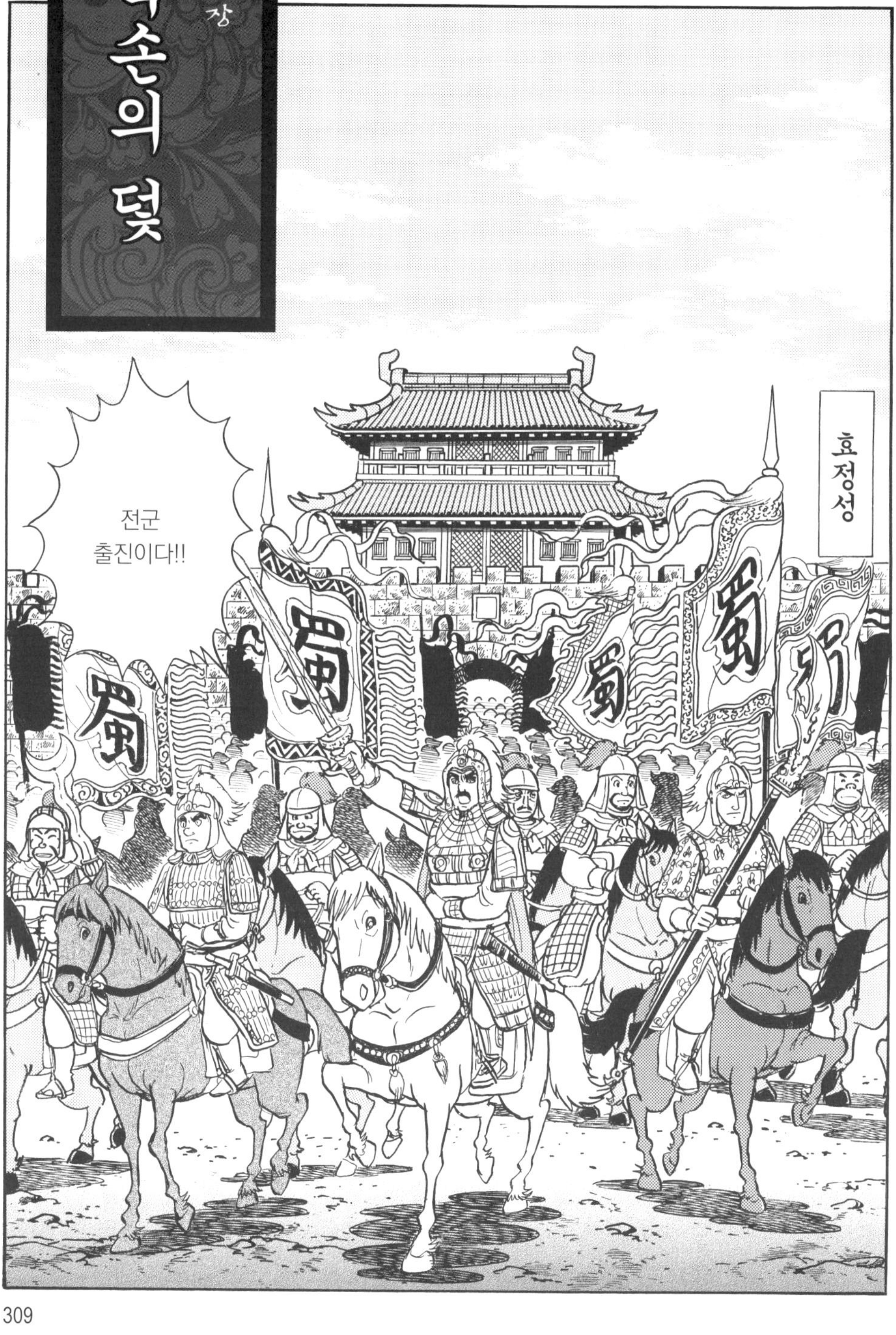
효정성
전군 출진이다!!

저 산을
공격하랏!!
韓
周
凌
사사사사사
韓
周
凌
두두두두
오군놈들이
후퇴하고
있다!
쫓아랏!!
蜀
蜀
蜀

나와라, 오나라 놈들아!
패배자들, 싸우잔 말이다!
그러나 유비군이 아무리 싸움을 걸어도 적기(敵旗)는 후퇴할 뿐이었다.
육손 도독.
지금 공격하면 유비의 목도 벨 수 있습니다.
부디 돌격 명령을!
안 된다. 한당.
철저한 수비가 내 전략이다.
퇴각을 거듭해서 적을 지치게 하라!

형주가 적의 손에 떨어져도 좋단 말입니까?
후후
촉군은 700리에 걸쳐 길게 진을 치고 있다.
남은 힘이 거의 없지.
한 달쯤 뒤엔 반드시 공격과 수비를 역전시키겠다.
기다려라.
패기 없는 오나라 놈들
빨리 항복해ー!!

* **700리의 장진(長陣)** 유비는 오와의 국경에 있는 백제성(지금의 중경시 봉절)에서 이릉(夷陵, 『삼국지연의』에서는 彝陵이라 표기함. 지금의 호북성 의창시)까지 길게 진을 쳤다.

효정성
전과는 달리
적들은 전의가 전혀 없습니다.
호박에 침주기가 바로 이 경우입니다.
육손은 무슨 속셈이지?
이것은 녀석의 책략이 아닐까요?
아냐
적은 연전연패로 무기력해졌을 뿐이다.

* **육손의 반격** 육손은 총공격 직전 유비의 진을 하나 공격했으나 반격을 당해 패퇴한다. 이때 육손은 "이것으로 적을 쳐부술 방법을 알았다"고 말하며 화공을 명령했다(『삼국지』「오서 육손전」).

폐하.
공명 승상의 의견을 물어보는 것이 어떻습니까?
그럴 필요 없다.
짐은 공격하고 공격할 뿐이다.
하지만 폐하.
승상에게도 생각이 있을 것인데….
그러나
나는 계속 진군할 것이다!
마량. 그럼
그대가 승상에게 가서 상의하고 오라.
그럼 저는 즉시 승상을 만나러 가겠습니다.
두두두두두

성도성
승상.
어떻습니까?
이것이 우리 군의 포진인데
이게 무슨 일이냐!
폐하께 이런 작전을 진언한 자가 누군가?
참형에 처할 자다!
모두 폐하께서 결정하신 일입니다.
아아
폐하도 관우 장군,
장비 장군의 복수에 정신을 놓으셨구나.
아….
저도 몇 번이나 진언했지만….

육손은 분명 이때를 기다렸을 것이다.
700리씩이나 방어를 무시한 진형을 택하다니, 이 무슨 일인가?
화공을 당하면 막을 방도가 없는데!
예.
어서!
그대는 즉각 돌아가서 폐하께 늘어진 진을 정비하라고 권하라.
만약을 위해 조운 장군의 지원군도 함께 가라.
공격을 해올까요?
당장 이라도….
그러나 공명의 충고는 이미 때늦은 것이었다.
만일 이미 늦었다면
폐하께 즉시 백제성까지 후퇴하시라고 아뢰라.

陸
마침내 촉군을 격멸할 때가 왔다.
도독 취임 후 나는 한 번도 촉군과 싸우지 않았다.
그러나 이제 총력을 기울여 화공을 단행,
700리에 늘어진 촉군을 분단시켜 섬멸한다.
닷새 뒤,
한밤중 축시에 단행한다.
횃불과 짚단, 연막탄으로 적을 끌어내고,
달아나는 놈들을 베라.
유비의 머리를 벤 자에게는 상금 1만 관을 주겠다!
옛-!!

한당은 서쪽의 250리의 진을,
주태는 그 앞의 250리를,
능통은 남은 진을 모조리 태워라.
다른 장수들은 유격대로서 적을 베랏!!
와 와

* **능통(凌統)** 189~237년. 자는 공적(公績). 양주의 오군 여항현(지금의 절강성 여항현) 출신. 215년 합비(合肥) 전투에서 위기에 처한 손권을 구해 편장군에 임명되었다.

이릉성
우와와와!
다다다다
폐하!
적이 쳐들어 왔습니다!
몇 명 정도냐?
벌떡
탕탕!
어둡지만 엄청난 숫자입니다.

* **주태(周泰)** 출생연도 미상~225년 무렵. 자는 유평(幼平). 양주의 구강군 하채현(지금의 안휘성 봉대현) 출신. 손책의 측근이었으나 손권의 강한 요망으로 그의 부하가 되어 활약함으로써 손권에게 절대적 신뢰를 얻었다.

앗! 불바다구나.
육손. 야습을 하다니!
폐하.
남문에 혈로를 열었습니다.
죽여랏!
불태워라!
와
와
와
두두두두두
일단 남쪽에서 집결해
오군을 쫓아내겠습니다!
가자!!
오냐.
유비는 불과 50여 명을 이끌고 불타는 이릉성을 탈출했다.

* **서성(徐盛)** 출생연도 사망연도 미상. 자는 문향(文嚮). 서주의 낭야군 거현(지금의 산동성 거현) 출신으로 오군(吳郡)에 옮겨 살 때 손권의 부하가 되어 두각을 나타냈다. 이릉 전투 때 건무장군·여강 태수의 지위에 있었으며, 그 뒤 위나라 조휴·조비와의 싸움에서도 활약했다.

불타는 진영 중앙을 달리는 촉군의 뒤에서 서성군이 밀려왔고, 북측에서도 오의 대군이 밀어닥쳤다.
유비다!
그 목을 나 서성이 가져가겠다!
徐
서성, 이놈.
내 칼을 받아랏!
깡
쨍
앞에서는 정봉군이 밀려들었다.
유비.
정봉의 오랏줄을 받아라!

폐하, 도우러 왔습니다!
장포, 잘 왔다!
운명은 정해져 있는 것.
에잇!
정봉, 받아랏!
크악!

관흥, 장포 등 30여 명이 달아날 때,
주태군 3천 명이 횃불을 들고
다가왔다.
두두두두두두…우오오오
와와와
이제 여기서 죽는 건가.
관우와 장비의 원수도 갚지 못했는데….
저, 저것은!?
두두두두
적을 쫓아버려라!
돌진!
오—
조운과 마량이구나.

* **관흥(關興)과 장포(張苞)** 관우와 장비의 아들. 『삼국지연의』에서는 유비의 동방원정을 따라나서 각자 부모의 원수를 갚는 것으로 되어 있으나, 『삼국지』(정사)에 따르면 이릉 전투에 참가한 사실이 없다.

폐하.
승상의
지시를 받고
달려왔습니다.
공명
승상은
폐하께
일단
백제성으로
후퇴하시라고
했습니다.
그래
그
길밖에
없겠지.

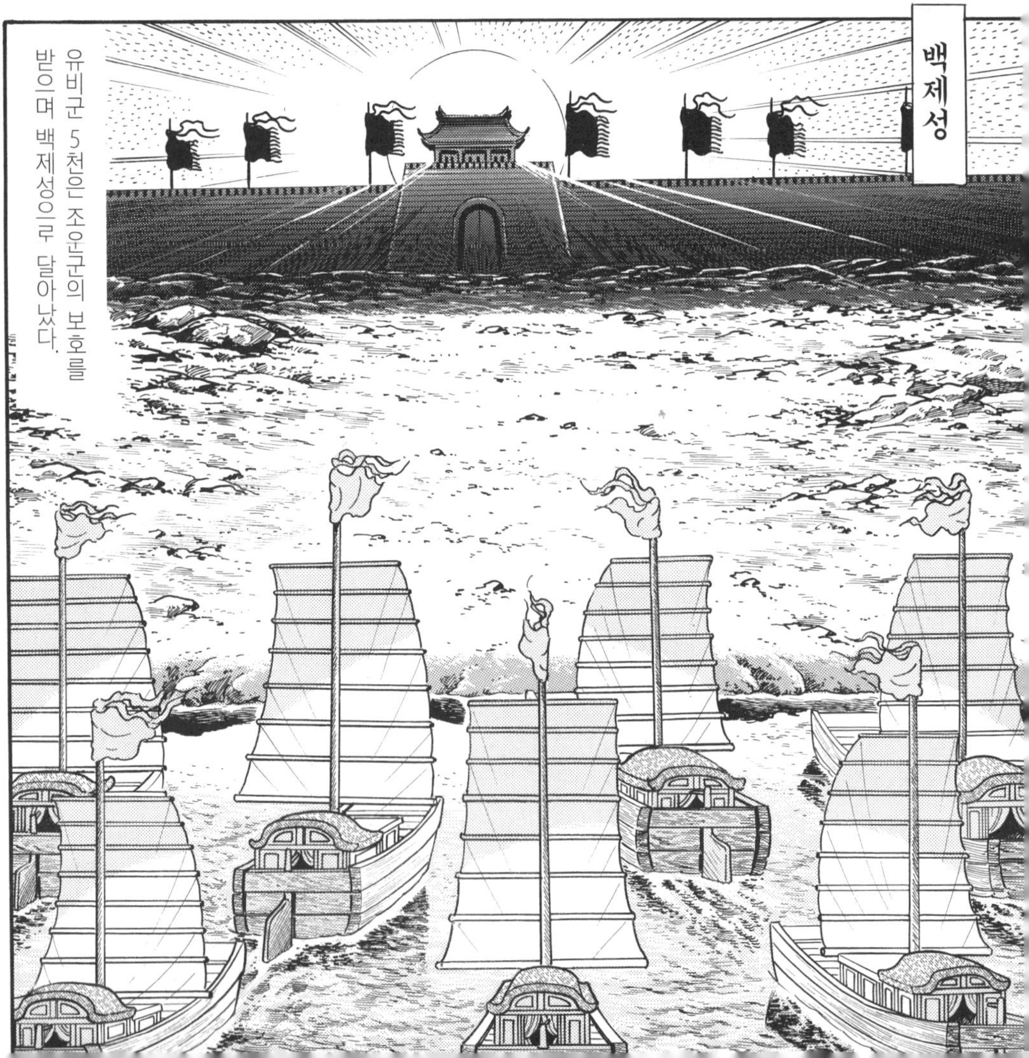
백제성
유비군 5천은 조운군의 보호를
받으며 백제성으로 달아났다.

오군
아니다.
대도독.
이 기회에 백제성을 떨어뜨리고
단번에 촉을 공격하십시오.
제군.
조비의 공격에 대비해서 신속히 군대를 물린다.
촉을 노리면 조비의 계략에 걸려든다.

* **조운(趙雲)의 구원** 조운은 유비의 동정에 반대했기 때문에 강주(지금의 사천성 중경시)에 있었는데, 유비의 패전 소식을 듣고 즉시 출격했다.

성도성
위군이 오로 대거 출격했다고 합니다.
예상한 대로군.
후후
등지.
하지만 육손이 도독을 맡았으니
어쨌든 방비에 소홀함이 없을 것이오.
폐하는 지금 백제성에서 어떻게 하고 계실까요?
그것을 생각하면 정말 가슴이 아프오.
왜 폐하의 손권 공격을
말리지 못했는지….
하지만 폐하를 말릴 방법이 있었을까요?
아마 없었을 테지.
하지만 폐하께 만전의 전략을
알려드리지 못했으니 내 죄라고 할 수밖에 없소.

어쨌든
지금 폐하를 위로할 수 있는 사람은
승상밖에 없을 것입니다.
아니
지금은 가만히 지켜보는 게 가장 좋을 것이오.
백제성의 유비는 패전의 아픔으로 병상에 누워 일어나지 못했다.
나는 조운과 공명 공의 간언을 듣지 않고 출격해
사랑하는 병사를 거의 잃고 말았다.
관우, 장비의 복수도
하늘의 별 따기가 됐구나.
촉을 지키는 공명 공을 볼 낯이 없어….

그리고 저 숙적 조조의 아들 조비를 칩시다!
형님, 빨리 기운을 차리세요.
헉
두 사람이 저세상에서 나를 부르고 있는 것인가…
하지만 나는 촉을 맡은 몸,
나중 일을 부탁하기 전까진 죽을 수 없다.
여봐라.
누구 없느냐?

폐하. 무슨 일이십니까?
방금 꿈에 관우와 장비가 나왔소.
나를 부르러 온 게야.
그런…!
사내란 죽을 때 미련이 없어야 하오.
남길 말이 있소.
성도에서 공명 공을 불러주시오.

백제성
폐하의 병이 깊다. 서둘러!
예. 속도를 올리겠습니다!
싹 싹 싹…
폐하를 만나지 못하면
촉의 장래는 풍전등화다.

제41장 유비의 죽음

오늘은 황자 유영님, 유리님을 모셔 왔습니다.
오
이때를 얼마나 기다렸던가.
승상에게 뒷일을 부탁하기 전까진 죽을 수도 없었소.
유영, 유리도 건강하게 잘 지냈느냐?
예
아버님도 건강하신지….
아니, 나는 이제 가망이 없다.
승상.
나는 그대의 지모로 천하삼분지계를 실현하고
황위에도 오를 수 있었소.

* **유영(劉永)** 출생연도 사망연도 미상. 자는 공수(公壽). 유선의 이복동생으로 유비가 황제가 되고 221년에 그를 노왕(魯王)으로 봉했다. 유비 사후 230년에 감릉왕(甘陵王)으로 다시 봉해졌으나, 환관 황호(黃皓)가 중상모략을 해 후주 유선(劉禪)이 그를 멀리한 탓에 10년 남짓 배알할 수 없었다. 촉이 망한 다음 해인 264년 낙양으로 보내져 위나라로부터 봉거도위(奉車都尉)에 임명되었다.

* **마속(馬謖)** 190~228년. 자는 유상(幼常). 시중 마량(馬良)의 동생.

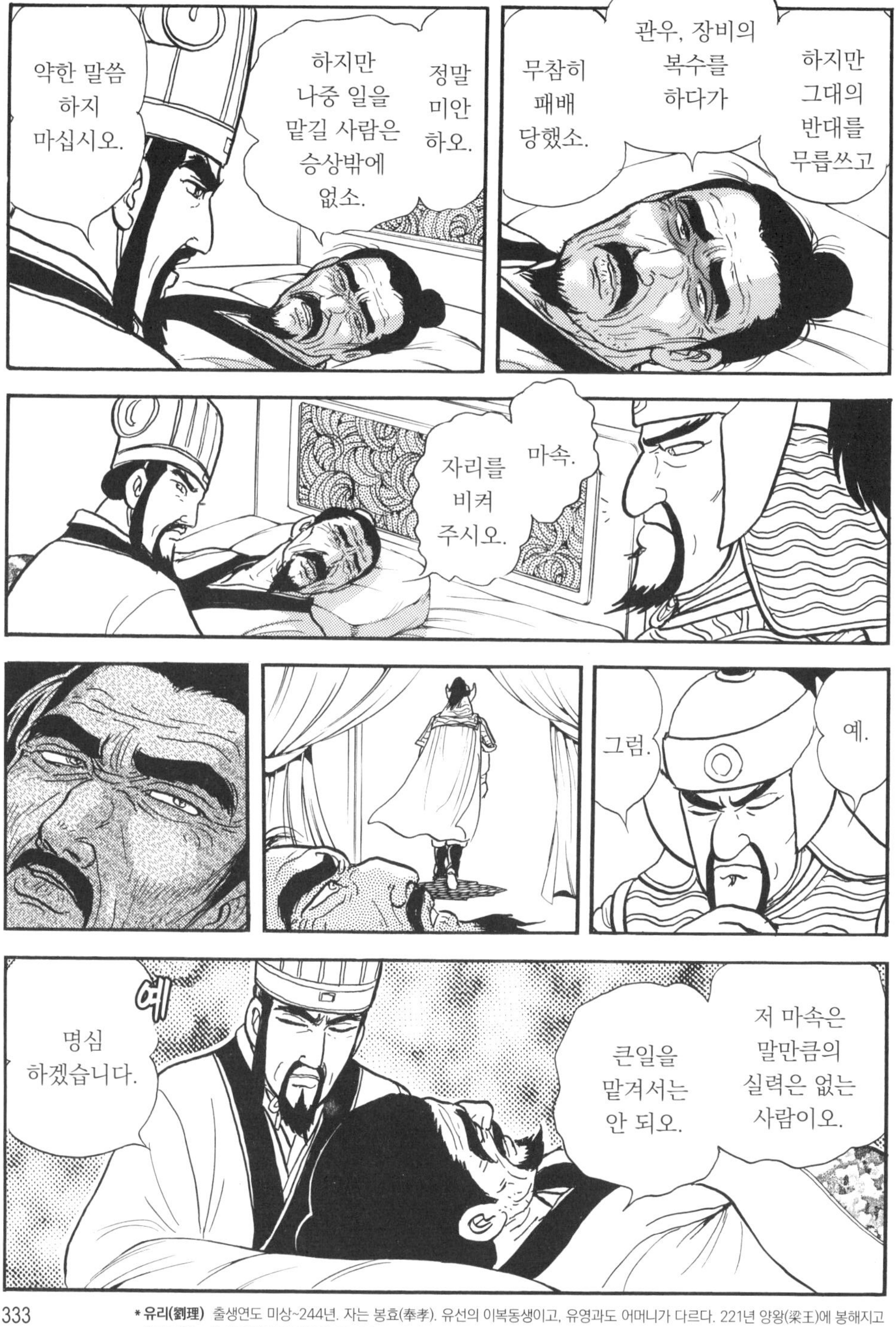

약한 말씀 하지 마십시오.
하지만 나중 일을 맡길 사람은 승상밖에 없소.
정말 미안 하오.
무참히 패배 당했소.
관우, 장비의 복수를 하다가
하지만 그대의 반대를 무릅쓰고
자리를 비켜 주시오.
마속.
그럼.
예.
예
명심 하겠습니다.
큰일을 맡겨서는 안 되오.
저 마속은 말만큼의 실력은 없는 사람이오.

* **유리(劉理)** 출생연도 미상~244년. 자는 봉효(奉孝). 유선의 이복동생이고, 유영과도 어머니가 다르다. 221년 양왕(梁王)에 봉해지고 230년에는 유선에 의해 안평왕(安平王)으로 다시 봉해졌으나 244년 세상을 떠났다(『삼국지』「촉서 유리전」).

이것은 유선에게 남기는 유언이오.
전해 주시오.
지금 죽음을 앞두고
머리에 떠오르는 것은, 한조를 빼앗은 위의 조비를 멸망시키는 일뿐이오.
그것을 이루지 못하고 죽는 것도 천명일 것이오.
예.
잘 알겠습니다.
폐하.
마지막으로 남기고 싶은 말이…
그리고
승상. 나를 일으켜 주시오.
무슨 말씀입니까?

* **유비의 유언** 223년 4월, 유비는 영안(백제성. 지금의 중경시 봉절현)에서 죽었는데, 이때 유선이 성도에 있었기 때문에 유선에게는 유서를 남겼다.

그대의 재능은
조비의 백배 이상이오.
그러니 태자 유선이 만약 황제 그릇이라면 도와주시오.
만약 그릇이 아니라면
승상이 황제의 자리에 올라 조비를 멸해주시오.
유영도 유리도
내 말을 잊어선 안 된다.
예. 예….
아닙니다, 폐하.
저는 재능이 없지만 목숨을 걸고 유선 태자를 섬기겠습니다.
안심 하십시오.
너희는 내가 죽은 뒤
유선과 함께 공명 공을 아버지로 모시고 살아라.
명심 하렴.
예….

공명 공도
조운, 마량도
생명을 다해
나를
섬겨주었소.
감사하오.
앞으로는
다 같이
촉을 지키고
조비를 멸망시켜
주시오.
휘청
나는
좋은 친구,
좋은 부하를
만나….
행복
했소….
아버지!
폐하!
폐하!

* **유선(劉禪)** 207~271년. 자는 공사(公嗣). 유비의 장남으로 촉한의 제2대 황제.

성도성
장무 3년(223년) 4월, 유비 현덕은 63세로 세상을 떠났다.

승상 제갈공명은 유비의 관을 성도로 가져가 장사를 지낸 뒤, 17세의 태자 유선에게 제위를 잇게 했다.

* **유선의 즉위** 223년 유비가 죽은 다음 달인 5월, 유선은 성도에서 즉위하고 연호를 장무(章武)에서 건흥(建興)으로 바꿨다. 같은 해 8월에 유비는 성도 남교(南郊)의 혜능(惠陵)에 매장되었다. 시호는 소열황제(昭烈皇帝).

* **사마의(司馬懿)** 179~251년. 자는 중달(仲達). 하내군 온현(지금의 하남성 온현 서쪽) 출신.

낙양성

유비의 뒤를
애송이 유선이 이었다고?

어쨌든
공명을 울게 만들 계책은 없소?
사마의.
폐하. 제겐 오로(五路) 침공 계책이 있습니다.

이것으로 촉은 전멸할 겁니다.
자, 보십시오.

으흠.

* **가비능(軻比能)** 출생연도 미상~235년. 지금의 화북~중국 북서부에 있던 선비족의 부족장. 220년, 위에 조공을 바쳐 부의왕(附義王)에 봉해졌으나 뒤에 공명의 북벌에 참가했다. 위에 복속한 것이 아니었기 때문에 유주 자사 왕웅(王雄)의 부하 한룡(韓龍)에게 살해되었다(『삼국지』 「위서 선비전」).

* **맹획(孟獲)** 출생연도 사망연도 미상. 남중(익주 남부)의 호족.
* **맹달(孟達)** 출생연도 미상~228년. 자는 자도(子度). 우부풍(지금의 협서성 흥평현 동남) 출신.

제1로. 선비의 가비능에게 병사 5만으로 서평관에서 치게 한다.
제2로. 남만왕 맹획에게 10만의 병사로 남쪽에서 들이치게 한다.
제3로. 오의 손권에게 손을 써서 양천 협구에서 다가가게 한다.
제4로. 촉에서 항복한 맹달에게 10만 병사로 부성을 공격하게 한다.
제5로. 조진 장군을 대도독으로 삼아 병사 30만으로 양평관에서 공격한다.
이것이라면 공명에게 태공망의 재능이 있어도 막지 못할 겁니다.
묘책이군.
좋소
즉시 지령을 내리시오.

* **조진(曹眞)** 출생연도 미상~231년. 자는 자단(子丹). 아버지 조소(曹邵)가 조조 대신 죽었기 때문에 조조가 맡아 조비(문제文帝)와 함께 키웠다.

제가 옮겨 적어 왔습니다.
오로 침공 계책이라는 조비와 사마의의 잔꾀죠.
용케 손에 넣었구나, 서야.
폐하와 의논해 즉시 손을 쓰겠다.
선생님. 이겁니다.
폐하.
이것은 위의 작전입니다.
짐은 전혀 모르니
승상에게 모두 맡기겠소.
그럼 즉시 대책을 강구하겠습니다.

마속.
등지.
승상은 어디 있소?
위가 공격해 온다는데, 뭘 하고 있는 거요?
승상은 심한 감기로
벌써 열흘째 누워 계신다고 합니다.
뭐?
감기?
그럼 짐이 가보겠소.

***등지(鄧芝)** 출생연도 미상~251년. 자는 백묘(伯苗). 형주의 남양군 신야(지금의 하남성 신야현) 출신.

이런
쓸모없는
공자.
지애.
항복이오?

* 지애(知愛) 공명은 양양 교외의 융중에 살 때 그 고장의 명사 황승언(黃承彦)의 딸을 아내로 맞이했다.

잘하시네.
뻥―
뭐예요?
뻥―
여기.
펑!
풍덩!
못하네.
어머
미안해, 서야.

*** 공명의 양자** 공명은 결혼 후 좀처럼 아이가 생기지 않아 형 제갈근의 차남 제갈교(諸葛喬)를 양자로 삼았다. 제갈교는 장남 제갈각(諸葛恪)보다 성격이 좋았다고 평가된다. 그 후 부마도위(駙馬都尉)에 임명돼 공명과 함께 한중에 출진했으나, 228년 25세의 젊은 나이에 사망했다.

승상은 꾀병을 부리며 놀고 있는 건가.
이렇게 중대한 때에
핫하하하
허허허허...
폐하시니 어쩔 수 없군.
광광
승상. 폐하 납셨습니다.
쾅쾅
서야, 문을 열어라.
폐하. 어서 오세요.

* **공명의 아들** 친자 제갈첨(諸葛瞻)은 공명이 북벌에 출격하기 직전인 227년에 태어났다. 여덟 살 때 공명이 전사했으나, 아버지의 유덕(遺德)으로 승진을 거듭해 열일곱 살 때 유선의 딸(공주)을 아내로 맞았다. 공명은 제갈근에게 보낸 편지에 "(첨은) 영리하고 귀여운 아이입니다"라고 적어 자식을 끔찍이 사랑하는 일면을 보였다(『삼국지』「촉서 제갈량전」).

폐하.
직접 오시다니 송구합니다.
승상은 감기가 심하다던데, 아니었소?
오늘 아침까지 두통이 심했는데
겨우 나아서….
그래서 공을 차오?
아니
저….
위의 오로 침공 계책에 대한 대책은 어찌 되었소?
아아
폐하께서 그 일 때문에….
그 문제라면 조금 전 마량에게 네 가지 계략을 알렸습니다.
그렇소.
짐이 즉위한 지 얼마 안 돼
나라가 망해선 안 되니 말이오.

네 가지 계략…?
제1로. 선비의 가비능은 서량의 맹장 마초가 맞서게 하겠습니다.
제2로. 남만왕 맹획은 위연에게 의심작전으로 막게 하겠습니다.
제4로. 우리 군 이엄이 맹달과는 형제처럼 지내니 병사를 물리라는 지시를 내리겠습니다.
제5로. 양평관의 조진은 우리 군 제일의 맹장 조운이 막게 하겠으니 안심하십시오.
멋진 계책이오.
승상.
다만
이 계략에는 제3로의 대책이 빠져 있습니다.

* **위연(魏延)** 출생연도 미상~234년. 자는 문장(文長). 형주의 의양군(후한말의 남양군 남부. 지금의 하남성 남서부) 출신.

그래?
예.
제3로의 오군 대책….
손권은 전에 맺은 위오 동맹을 무시하고
위가 오를 공격한 것을 원망하고 있으니 쉽게 거병하지는 않을 것입니다.
그래서 전부터의 지론대로 손권에게 사자를 보내
촉오 동맹을 부활시키고 싶습니다.
누구를 사자로 보낼지
공차기를 하면서 생각 했는데….
으음
승상은 공차기를 하면 좋은 생각이 떠오르오?
몸을 움직이면 피의 흐름이 좋아지기 때문이지요.
그럼
짐도 공차기를 하겠소.
이거, 한 방 먹었군요.
와하하

* **이엄(李嚴)** 유비가 나중 일을 부탁한 사람으로는 제갈량 외에 이엄이 있었다. 그는 형주 남양군 출신으로 처음에는 유표를 섬겼으나 유표의 죽음과 조조의 진공으로 형주까지 달아나 유장의 부하가 되었다. 유비가 촉에 들어갔을 때 항복해 비장군(裨將軍)·건위 태수·상서령 등을 역임했으며, 유비 사후에는 강주에 머무르며 주변 지역을 평정했다.

그런데 승상.
오에 가는 사자로
저를 보내시지 않겠습니까?
걱정보다는 실제로 해보라더니
그대가 안성맞춤 이겠군.
등지.
하지만 오의 손권과는 선제 유비 폐하가 공격한 이래 계속 전투 상태요.
목숨을 걸어야 하는데 괜찮겠소?
물론 괜찮습니다.
씽긋
폐하. 어떻습니까?
승상이 좋다면 그걸로 됐소.
좋소. 그 기개를 높이 사겠소, 등지.
그리고 내 비장의 제자 서를
데려가는 것이 좋겠소.

***그대가 안성맞춤** 유비가 죽은 뒤 등지는 공명을 찾아가 "오에 사자를 파견해 수호를 맺어야 한다"고 진언했고, 공명은 "나도 같은 생각이어서 누구를 사자로 보낼까 고민 중이었다. 그런데 지금 그 인물을 찾았다"고 말했다. 등지가 "그게 누구입니까?"라고 묻자, 공명은 "그러니까 당신이오"라 대답하고 그를 사자로 발탁했다(『삼국지』「촉서 등지전」).

폐하 앞에서 그게 무슨 말투냐!
죄송합니다….
히죽 히죽
공명 선생님의 말씀이라면 무조건 듣겠습니다.
서야, 그렇지?
영리하고 민첩해서 최적의 상대가 될 것이오.
오로 계책의 대책도 마련됐으니
오냐.
폐하께선 공명 선생님과 공차기를 하고 싶다고 하셨지요?
참!
하시지요.
예, 예.
어서 공차기를 합시다.
승상.

등지도 마속도
같이 합시다.

뻥
얍.
뻥
왔구나!
어떠냐?

제42장 촉·오 화친

오군 건업성
촉의 사절 등지 입니다.
손권 대왕님을 뵙고 싶습니다.
잠시 기다리시오.
등지 공.
손권은 언제까지 기다리게 할 참일까요?

아니
부하가 무슨 일을 꾸미고 있겠지.
꼬르륵
나는 배가 고파요.
후후
이것저것 잔꾀를 쓰고 있지 않을까?
손권이 그렇게 담력이 약한 사내인가….
대왕님이 만나겠다고 하십니다.
들어 오시오.
벌떡

촉의 사절로 등지와 서가 찾아뵙니다.
손권 대왕님.

* **등지(鄧芝)의 선물** 『삼국지』「오서 오왕(손권)전」의 주에 따르면 등지는 말 2백 마리와 비단 천 필, 촉의 특산품을 가지고 오를 방문했다고 한다.

그대들은 이전 전쟁의 항복을 하러 온 것인가?
그게 아닙니다.
귀국과의 싸움도 일단락 됐고
유비 폐하도 돌아 가셨으니
오와 촉의 싸움을 끝내고
함께 한조의 적
위의 조비를 공격하자고 찾아왔습니다.
후후
촉과의 싸움은 아직 끝나지 않았다.
게다가 위 황제 조비에게서
함께 촉을 공격해 나누어 갖자는 제안도 받았다.
그것이 위의 노골적 음모인 것을 눈치채지 못하셨습니까?
그 증거로 얼마 전 위는
수십만의 대군으로 귀국을 공격하지 않았습니까?

발을 걸어라.
이보게, 등지.
촉과의 전쟁을 끝내는 것도 위와 함께 촉을 공격하는 것도 내 생각에 달렸다고 보는데,
어떤가?
하지만 현실을 보시면 일이 명백할 것입니다.
조조는 한의 헌제를 힘으로 밀어내고 천하를 호령하며,
그 아들 조비가 허울뿐인 선양으로
헌제를 추방하고 대위 황제라 칭한 사실은
대왕님도 잘 아시지 않습니까?

그렇다면 촉은 어째서
유비 공이 직접 병사를 일으켜
우리 이릉까지 공격한 것인가?
그것은 선제 폐하의 의제 관우 장군이 대왕의 부하 여몽 장군에게 공격당하고,
의제 장비 장군도 귀국으로 간 두 장수에게 살해당한 데 대한 선제 폐하의 복수였습니다.
그러나
선제 폐하가 백제성에서 이미 병으로 돌아가신 지금,
귀국과의 원한도 해소된 것으로 보아야 하지 않을까요?
음
그것도 일리 있는 말이다만….
대왕님.
우리 두 사람, 2각 남짓 기다렸더니
몹시 목이 마릅니다.

* **오와의 국교 회복** 역사적 사실을 보면 유비는 이릉 패전 직후부터 오와의 관계 수복에 나섰다. 먼저 패전한 223년 12월에 손권에게 우호 관계를 회복하고 싶다는 편지를 보냈고, 이에 대해 손권은 정천(鄭泉)을 백제성에 사자로 파견했다.

* **장소(張昭)** 156~236년. 자는 자포(子布). 서주 팽성국(지금의 강소성 서주시) 출신. 손책 대부터 섬긴 오의 중신. 손권의 후견인으로 중요한 역할을 했는데, 이때의 관위는 수원(綏遠 : 먼 곳을 편안하게 한다는 의미) 장군에 머물러 있었다.

저기에 준비해둔 술을 마시게 해주십시오.
뽀글 뽀글
펄펄
술…?
무슨 말인가?
저것은 기름이다.
기름?
귀국에서는 손님에게 기름을 대접하나요?
바보 같은 소리!
저 세발솥의 기름은 너희를 삶기 위한 것이다!
제정신이오!?
고작 두 명의 사자를 맞는데
이렇게 많은 병사에
삶을 솥까지 준비하고 있었다니!!
그….

그것은 …이오.
그것은 이오라니 대체 무슨 말인가요?
그게… 말하자면….
등지와 서. 용서하게.
이것은 좌흥, 장난이네.
무슨 장난을 이처럼 야단스럽게….
그대들처럼 대담한 사자가 오리라고는 꿈에도 생각지 못했소.
왓핫핫
장소. 병사들을 물리고 솥도 치우시오.
나는 이 둘과 터놓고 이야기를 나누고 싶소.
예
즉시….

* **승상이 되지 못한 장소** 오왕이 된 손권이 승상(재상직)을 두려 하자 신하들은 장소를 추천했으나 손권은 여러 가지 이유를 들어 물리치고 손소(孫邵)를 임명했다. 장소가 적벽대전 직전 조조에게 항복할 것을 진언했고, 또 손권에게 진언할 때 거리낌이 없었던 것이 원인이라고 한다.

그래서
그대들은 우리 오와 촉이 힘을 합치면
정말 위를 이길 수 있다고 생각하는가?
물론 입니다.
오나라에는 대왕님의 힘과 3강이 있고,
촉에는 산천의 요새에다 적벽전에서 그 정도의 힘을 발휘한
제갈공명의 지혜가 있습니다.
당연히 이기지 않겠습니까?
한데 촉이 우리 오를 다시 공격하지 않을 것을 맹세하는가?
저도 승상 제갈공명 공의 명을 받은 사자이니
그 점은 걱정하지 마십시오, 대왕님.

* **오의 독립** 손권은 유비가 동정에 나서자 일단 위에 항복했으나, 이릉 전투에서 승리하자 다시 독립할 기회를 노렸다. 222년, 손권은 독자적 연호를 황무(黃武)라 하고 7년 후인 229년 제위에 올랐다.

좋소
결정했소, 등지 공.
지금까지 일은 다 없던 걸로 하고
촉과 동맹을 하겠소!
대왕님.
이로써 저도
공명 공에게 가슴 펴고 돌아갈 수 있습니다.
음
나도 앞으로는 위나라 토벌에 마음을 다할 것이오.
참
공명 공은 잘 있소?
물론 잘 계시죠.
공차기도 하고,
아내분과 꽁냥꽁냥 하기도….

이봐.
대왕님 앞에서 쓸데없는 말을….
아니요
실은
이른 아침부터 늦은 밤까지
위나라 토벌과 민생 향상을 위해 힘쓰고 있습니다.
헤헤
그럼 잘 놀고
정치에도 열심이라는 말이로군.
예!
그
그럼요!
왓 핫 핫 하

* **답례의 사자** 223년 11월, 등지의 공식 방문으로 촉과 오의 동맹 관계가 부활되었다. 다음 해 여름에는 오에서 보의중랑장(輔義中郎將) 장온(張溫)을 공식 사자로 파견했다. 장온은 큰 환영을 받고 촉의 인사들에게 높은 평가를 받았으나, 평가가 지나치게 높아지자 손권이 경계해 얼마 뒤 실각했다.

성도성
成都城
승상.
지금 막 돌아왔습니다.
긴 여행에 수고가 많았다.
그래서
오와의 동맹은 성공했나?
예. 손권 공은 앞으로
오직 위나라 토벌에 전념하기로 했습니다.

우리를 삶아 죽이려고 세발솥에 기름을 끓이질 않나….
검을 찬 병사들을 세워놓질 않나,
예
고생도 했겠군.
그다음은 등지 공의 독무대였죠.
손권 공이 좌흥이니 용서하라고 말했고,
그런데 그걸 등지 공이 일갈하자
예
장소가 뒤에서 조종 했겠지.
후후
서야. 쓸데없는 말은 하지 않았겠지?
손권 공의 마음을 열었습니다.
서 군이 분위기를 부드럽게 만들어
아닙니다.

손권 공도 서 군의 도움으로
동맹에 흔쾌히 응했습니다.
설마….
아니,
요만큼 도….
거짓말 마라.
얼굴에 쓰여 있구나.
오늘 밤은 두 사람을 위해 위로연을 베풀지.
좋다
예이!!
그렇게 하셔야죠.

* **등지의 재방문** 등지가 처음 오를 방문했을 때 손권은 "위가 쓰러지면 두 군주(손권과 유선)가 나라를 나눠서 다스리게 된다"고 기분 좋게 말했다. 그러자 등지는 "하늘에는 두 개의 태양이 없고 땅에는 두 주인이 없다(황제가 둘이 되는 일은 없다). 위를 병합한 뒤의 일은 모른다"고 성실히 대답했다. 손권은 "그대라면 그렇게 말하리라 생각했다"며 크게 웃었고, 공명에게 편지를 보내 "촉과 오의 화친은 등지 덕분"이라고 크게 칭찬했다(『삼국지』「촉서 등지전」).

촉·오 동맹에 분노한 위제 조비는 선수를 치기 위해 사마의 등 장수들의 반대를 무릅쓰고 스스로 전함 용주에 올라 대군을 이끌고 오나라를 토벌하러 출발했다.
오군을 처부숴랏!
손권의 목을 베랏!

그에 맞서 배는 작지만
수상전에 익숙한 오나라
선단은 연막탄과 화살을
쏘며 난전을 치렀다.

***위의 오 토벌** 이릉 전투 후 위는 세 번에 걸쳐 오로 진격했으며, 그중 두 번은 문제(조비) 스스로 병사들을 이끌었다.

풍향이 좋다.
저 용주에 탄 조비를 사로잡아라.
모두 더 쏴랏!
끼이——익
찌익——!
흔들 흔들
우엑. 우엑.
흔들
폐하.
이 바람 속에서의 공방은
오가 우세 합니다.

후퇴,
후퇴하라!
무리를 하면 적의 계략에 걸립니다.
으 원통하다.
일단 후퇴 하라!
우욱
오나라 수군의 반격에 조비군은 또 어쩔 수 없이 패퇴했다. 위군은 수륙 장병 대부분을 잃고 낙양까지 철퇴했다.
적이 달아난다.
추격!!
용주를 가라앉혀!

선생님.
오나라에 진격한 조비의 30만 대군이 대패해
낙양으로 철퇴 했답니다.
수고했다, 서야.
오도 의지할 만하구나.
선생님. 이렇게 됐으니
우리 측의 전략은…?
당분간은 오와의 전쟁으로 소모된 병사들과 백성들의 힘을 회복하고,
그다음엔 위나라 조비와의 전쟁에 대비하겠다.
오나라 손권과의 동맹을 더욱 견고히 한다,
그런 말씀이죠?
후후
그렇지.

감동적인 말도 잘하는구나.
서야. 너도 이젠 아내를 맞아서
즐겁게 사는 게 어떻겠느냐?
아니요
저의 즐거움은 무엇보다
선생님의 손발이 돼 일하는 겁니다.
헤헤헤
헤헤헤
하하하하

제 43 장 공명의 남만 정벌

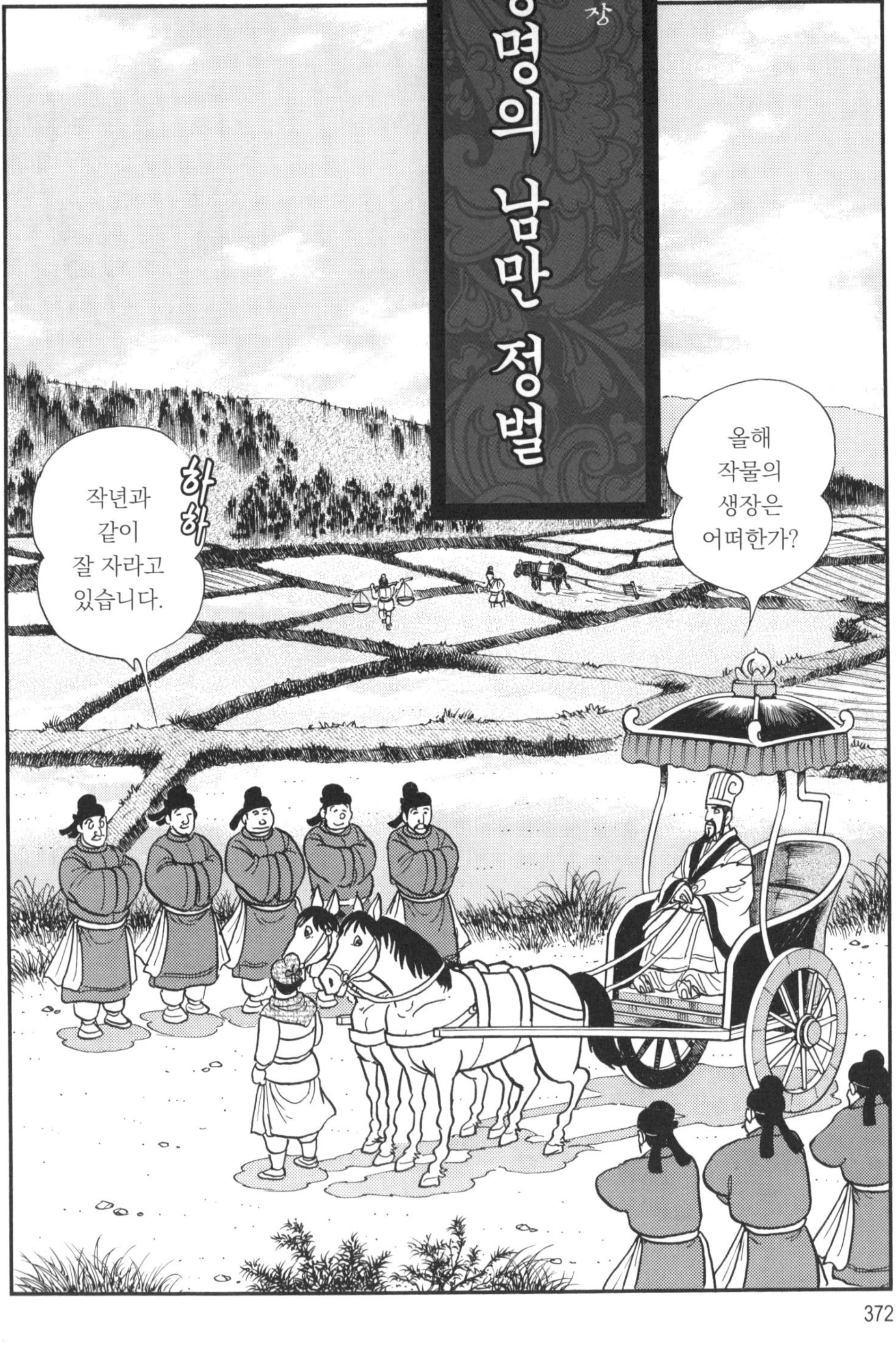
올해 작물의 생장은 어떠한가?
하하
작년과 같이 잘 자라고 있습니다.

나쁜 병은 유행하지 않는가?
그런 조짐은 전혀 없습니다.
관리의 부패는 어떤가?
공명 님이 승상이 되고 3년,
뇌물받는 관리도 사라졌지요.
그렇군.
하지만
결코 방심하지 말라.
옛!
공명은 촉의 민생안정에 심혈을 기울였다.
그의 목적은 한을 멸망시킨 위나라 조비를 토벌하는 것이었다.
오와 동맹을 맺은 뒤에는 위를 그냥 두지 않겠다고 결의했다.
이를 위해서는 무엇보다 충실한 국력이 필요했다.

승상!
남만왕 맹획이 10만 군을 이끌고
남방의 영창군에서 침략을 시작했습니다.
후후
결국 그랬군.
슬슬 시작할 때라 생각하고 있었다.
3년 전 사마의가 오로 침공 계책을
세웠을 때부터 조짐이 있었지.
월수와 장가의 두 성도 함락되었다고….
좋다
내가 평정한다.
승상이 출진하시면
북에서 위가 공격하지 않겠습니까?
아니, 그럴 수 없다.
앞서 조비가 오를 공격해서 대패한 지 얼마 안 되었으니.
즉시 폐하께 남벌에 대한 허락을 받아 오라.

건흥 3년(225년) 봄.
성도성 앞에 촉의 병사 5만이 집결했다.
이번 남벌의 목적은 싸움에 이기는 것이 아니다.
맹획 등이 두 번 다시 반란을 일으키지 못하게 하기 위함이다.

*** 익주(益州) 남부의 반란** 유비가 백제성(영안. 지금의 중경시 봉절현)에서 세상을 떠나자 익주 남부 호족들이 촉나라의 지배에 반기를 들기 시작했다.

정월엔 전군이
가족과 함께
보낼 수 있게
개선하기로
굳게 약속한다.
대장은
조운과
위연.
부장은
장익
왕평
장억
관색으로
한다.
그럼
출진하라!
오!!

* **왕평(王平)** 출생연도 미상~248년. 자는 자균(子均). 익주의 파서군 탕거(지금의 사천성 거현 북동) 출신. 외가에서 자랐기 때문에 하평(何平)이라고도 했다.

* **관색(關索)** 관우의 셋째 아들로 『삼국지연의』 등에는 등장하지만 정사에는 나오지 않는다. 오가 형주를 공격했을 때 부상을 입어 쉬고 있었으나, 공명의 남벌 때 종군을 지원해서 선봉을 맡았다.

두두두두…
두두두두…
두두…
이윽고 10만 맹획군이 밀려들었다.
우오오오오오
어이, 공명.
네놈의 목을 이 일전으로 베어주마.
모두 돌격!
맹획.
그대의 군세가 이 정도였다니, 내가 오산을 했구나.

* **장익(張翼)** 출생연도 미상~264년. 자는 백공(伯恭). 익주의 건위군 무양현(지금의 사천성 팽산현 동쪽) 출신. 유비의 입촉(入蜀) 후 재동군, 광한군, 촉군 태수를 역임하고 232년에는 익주 남부를 통괄하는 내항도독이 되었다. 그 뒤 공명의 눈에 띄어 북벌에 참가해서 전군도독에 임명되었다.

이제 와서 알아채도 늦었다.
공명, 항복하랏!
항복하지 않으면 목을 떨어뜨려 주겠다.
와하하
모두 공격!
모두 일단 후퇴한다.
후퇴! 후퇴!!
두두두두
추격하라! 추격하라!
적의 기세가 꺾였다.
공명을 사로잡아랏!
맹획군은 공명군을 쫓아 3각이나 돌진했으나, 따라잡지 못한 채 땅거미가 졌다.

* **장억(張嶷)** 출생연도 미상~256년. 자는 백기(伯岐). 익주의 파군 남충국(지금의 사천성 남충시) 출신. 산적에게 습격당한 현장(縣長)의 가족을 구출해 이름을 알리고 나중에 아문장으로 임명되었으며, 이민족 진무(鎭撫)의 공적으로 관내후가 되었다.

땅거미가 지기를 기다리던 공명이 백우선을 높이 들어올렸다.
척
와두두
맹획의 좌익과 우익에서
맹획을 잡아라!
적을 한 놈도 살려두지 마라!
촉군이 협공했다.
앗!
후하하하
공명!!
속였구나!
모두 진격하라!
맹획. 내 계책에 보기 좋게 걸려들었구나.

두두
남만 병사들을 쫓아버려랏!
맹획의 오른쪽.
촉장 장익이 여기 있다!
왼쪽.
두두두두두
나는 장익이다.
맹획은 즉각 항복하랏!
어둠 속에서 퇴각하는 맹획군의 전방에 수만 개의 횃불이 번쩍였다.
두두두두두
주공.
일단 후퇴할 수밖에 없습니다.
젠장!
후퇴했다가 내일 다시 하자.
모두 후퇴!
두두두두
후퇴하라!

얏 !!
나는 촉의 대장 조운이다.
맹획.
듣던 것보다는 별로군.
포승을 받아랏!
맹획을 잡았습니다!
자, 죽여라!
큰 소리 내지 마라, 맹획.
승상이 기다리신다.

으
공명. 나를 죽일 작정이냐!
후후
어떠냐? 나를 따를 테냐,
한 번 더 나와 싸울 테냐?
싸우겠다.
그럼 한 번 놓아주지.
다음번엔 네놈의 목을 벨 텐데 괜찮으냐?
벨 수 있으면 해보아라.
서는 포승을 풀어주어라.
두고 봐라, 공명.

이후 공명은 맹획을
여섯 번 잡고
여섯 번 놓아주었다.
이는 진심으로
복종하게 하려고 공명이
고심한 작전이었다.
두 달 뒤
맹획의 이번 주력은 코끼리 부대라고 합니다.
음
코끼리는 크기가 말 다섯 필 정도인가?
그런 걸 어디에서 구해 왔지?
남방의 오과국이라 합니다.
기마군도 상대가 안 된다고?
그럼 어쩐다?

* **칠종칠금(七縱七擒)** 『삼국지』「촉서 제갈량전」의 주에 따르면 공명은 현상금을 걸어 맹획을 잡아오게 하고 촉군 진영을 구석구석 안내한 뒤 석방해서 다시 도전하게 했다. 그 뒤 맹획은 몇 번이나 촉군을 공격했으나 계속 지다가 일곱 번째 잡혔을 때 결국 진심으로 복종했다.

그래
착
좋은 생각이 났다.
그걸로 가자!
화공을 쓰면 어떨까요?
코끼리가 아무리 커도 동물이니
아!
위연.
적을 이 골짜기로 유인하라.
포진은 이렇게 한다.
조운
왕평
공명
코끼리 부대
위연 부대
골짜기
장익
예.
알겠습니다.
그 후에는 내게 계책이 있다.

*** 코끼리 부대** 『삼국지연의』에서는 맹획과의 여섯 번째 대결에서 코끼리 부대가 등장한다.

공명의 작전대로 맹획의 코끼리 부대는 위연군을 쫓아 돌진했다.
두 두 두 두 두
빠오─!
기다려!!
우오오오오─!
두두두
두두두
이번엔 기필코 공명도 촉군도 지옥으로 보내주겠다!
걸려 들었어.

닥쳐라, 맹획.
이 화살을 받아랏!
쨍
두두두
와하하
시시한 화살로 코끼리 부대의 진격을 막을 수 있겠느냐!
두두두두두두두

모두
화공 개시!
위연,
잘했다.
수고했다.
쏴라!
쿵
쿠쿵
쿵
쿵
콰앙-!

두두두
콰광광
진격!
겁먹지 마라.
다음은 석공을 시작한다!
빠오
두두두두
크억!

맹획을 잡아랏!
지금 이다.
쿵쿵!
크악!
쿵쿵!
콜록
콜록
쿵쿵

그대가 포로로 잡힌 게
이것으로 일곱 번째다.
어쩔 테냐, 맹획!
후
모, 목이….
목이 말라 말이 나오지 않소….
무, 물을… 주시오.
무사의 정이다.
서, 술을 마시게 해주어라.
자
마셔라, 맹획.
꿀꺽꿀꺽
카
맛있다….
그래
이번엔 어떻게 하겠느냐, 맹획.
다시 한번 할 테냐?

공명 공.
이 술은 목구멍보다 제 마음을 적셨습니다.
여섯 번 잡았으나 그때마다 저를 살려 보낸
공의 지혜와 인정에 감복했습니다.
이 맹획, 앞으로는 반역하지 않을 것을 맹세합니다.
지금까지의 무례를 부디 용서해 주십시오.
좋다. 나도 그대의 투지에 감복했다.
참으로 고맙습니다.
이렇게 된 이상 우리 남만의 백성 손자의 대까지 섬기겠습니다.
그렇다면 화친의 축하연을 베풀겠소.
부하들도 데려오시오.
예.
정말 감사합니다.

***남벌의 성과** 맹획을 복종시키고 남중을 평정한 공명은 관리를 두는 등의 직접 지배는 하지 않고 맹획의 자치에 맡겼다. 남부의 여러 군에서는 소, 군마, 코뿔소 가죽, 금은, 옻 등 전략물자를 바쳤는데, 이는 나중에 위나라와 전쟁할 때 큰 재원이 되었다.

성도
촉군 만세!
제갈공명 승상 만세!

공명님.
약속대로 정월에 돌아오셨군요!

제44장 출사표

콱
퉤
이건….
혈담이….
쓱 쓱
또 나왔구나.
좋은 아침입니다. 선생님.
오냐.
앗
안색이 나쁘시네요.
아니, 감기에 걸린 모양이다.

콜록 콜록
퉤
피가 섞여 있는데,
대체 무슨 일입니까?
공명 선생님….
서야. 아무한테도 말하지 마라.
절대.
쓱 쓱
아내한테도, 부하들에게도.
예.
절대 말하지 않겠습니다.
이것은 폐결핵의 징조야.
설마….
아니다. 얼마 전에 알았다.

* **폐결핵** 결핵균에 의한 감염증으로 기침과 가래, 각혈 등의 증상이 나타나는데, 전염돼도 자각하지 못한 채 병이 진행되는 경우가 많다. 그 당시에는 불치병이었다.

그리고 부탁이 있다.
큰 약초 가게에는 노초환이라는 약이 있다.
그걸 구해 오너라.
만약
원정에 나서게 되면
대량으로 사 와서 식사 때마다 내게 다오.
아무도 모르게 은밀히….
예
그리 하겠습니다.
나는 위를 멸망시키기 전에는
절대 죽을 수 없다.
그때까지는 무조건 살아서
천하 백성이 안심하고 살 수 있도록 해야만 해.
그날까지 절대로 죽지 않을 것이다.
선생님의 마음은 잘 압니다.
제가 할 수 있는 일이라면 무엇이든 분부하십시오.

어린 시절,
조조의 서주 대학살에서 굶어죽을 뻔했던 저를 도와주신 것을
한 순간도 잊은 적 없습니다.
제 목숨은 언제든지 선생님께 바치겠습니다.
저를 마음껏 사용해 주십시오.
그렇게 말해주니 고맙다.
다만
이 병은 전염이 되니
내게 너무 가까이 오지 말아라.
나의 팔과 같은 네가 병에 걸리면 곤란하니까.
예
흑흑
가능한 한….
서야, 울지 마라.
인간은 하늘이 허락하는 한 살아 있을 터
그동안 나는 위를 멸망시키겠다.
나는 앞으로 그것을 하늘에 기도하며 살아가련다.

* **조조의 서주 대학살** 193년, 조조는 서주목 도겸의 부하가 아버지를 살해하자 복수하기 위해 서주를 공격했고, 주민들을 닥치는 대로 학살했다. 공명은 서주의 낭야군 출신으로 이때 열세 살이었다.

알았느냐?
후후후
예
알겠습니다.
공명 선생님.
식사하세요.
호호
서와 무슨 애길….
아니
아무 것도 아니오.
서야, 밥 먹자.
예에
사모님.
공

유선 황제의 방
오늘은 폐하께 내밀하게 드릴 말씀이 있어 왔습니다.
음
기탄없이 말해보시오, 승상.
예.
촉 남부도 평정한 지금,
제게 남겨진 과제는 선제의 염원이기도 했던 위 토벌입니다.
큰일이지만 부디 성취해 주시오.
예
그래서 위에 대한 전략에 전념하기 위해
앞으로는 사저에서 집무하고자 합니다.
어떠신지요?

* **장완(蔣琬)** 출생연도 미상~246년. 자는 공염(公琰). 형주 영릉군 상향(지금의 호남성 상향현) 출신.

좋소.
다만
잡무는 누구에게 맡기겠소?
장완과 비의에게 맡기 겠지만,
중요한 사항은 제가 결정할 생각입니다.
콜록 콜록
알았소. 그렇게 하시오.
감사 합니다.
무슨 일이오, 승상.
감기에 걸렸소?
2~3일쯤 기침이 나오는데,
곧 나을 겁니다.

* **비의(費禕)** 출생연도 미상~253년. 자는 문위(文禕). 형주의 강하도 맹현(지금의 하남성 신양현 북동) 출신.

건흥 4년(226년) 봄
선생님, 좋은 소식 입니다.
저의 정보원에 따르면
위제 조비가 감기에 걸려 마흔의 나이에 죽었답니다.
조비가 죽어….
그래서
그 뒤로 체제가 어찌 되었느냐?

* **조비의 죽음** 226년 5월 16일, 낙양에서 위독해져 진서장군 조진(曹眞), 진군대장군 진군(陳羣), 정동대장군 조휴(曹休), 상서우복사 사마의를 불러 후사를 맡기고 다음 날 사망했다(『삼국지』「위서 문제기」).

조휴가 대사마
조진이 대장군
열다섯 살 아들 조예가 황위에 올랐고
옹주, 양주의 병마를 통괄한다고 합니다.
사마의가 표기 대장군으로
그 포진은 우리 촉이 처리하기 벅찹니다.
사마의가 옹주, 양주를 통괄하면
문제는 위나라 최고의 수완가인 사마의다.
한데
음
당연한 인사로군.

* **조예(曹叡)** 205~239년. 자는 원중(元仲). 조비의 장남으로 어머니는 견황후(甄皇后)다. 조부 조조에게 특히 사랑을 받아 "우리 제업의 다다음은 너밖에 없다"는 말을 들었으나, 견황후가 조비의 노여움을 사서 죽임을 당한 탓에 좀처럼 태자가 되지 못했다. 조비의 임종 직전에 황태자로 책봉되어 아버지 사후 위의 제2대 황제(명제)에 즉위했다.

있습니다, 승상!
아
손쓸 방법이 없겠소?
음
속닥 속닥
정보원을 데리고 낙양으로 떠나거라.
서야.
줄다
탁
훌륭하오, 마속!

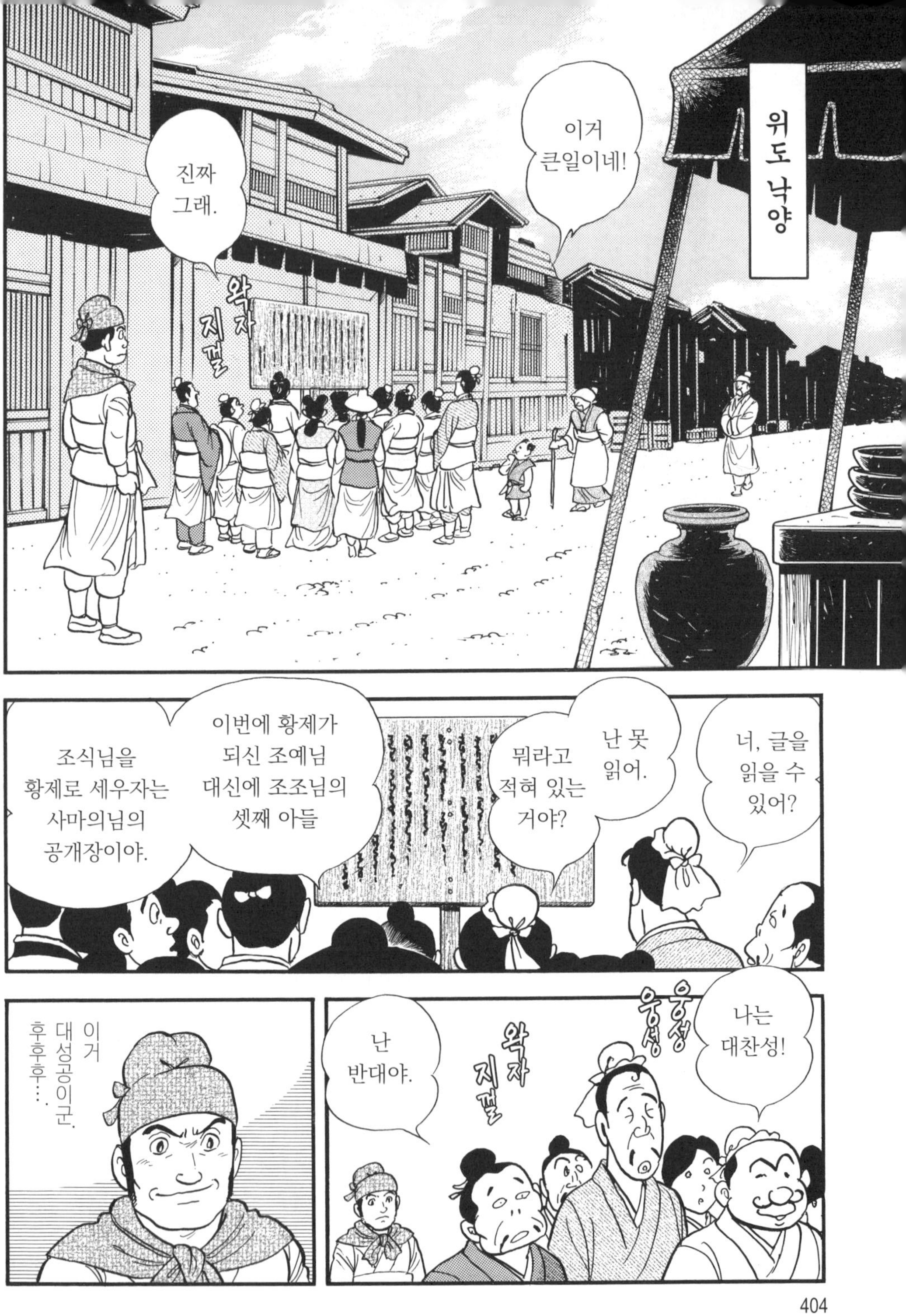
위도 낙양
이거 큰일이네!
진짜 그래.
왁자 지껄
너, 글을 읽을 수 있어?
난 못 읽어.
뭐라고 적혀 있는 거야?
이번에 황제가 되신 조예님 대신에 조조님의 셋째 아들
조식님을 황제로 세우자는 사마의님의 공개장이야.
나는 대찬성!
웅성 웅성
왁자 지껄
난 반대야.
이거 대성공이군.
후후후….

앗
꺄
물러나지 않는 자는 베겠다!
두두두두두
비켜라 비켜!
계략은 대성공 입니다.
히죽

* **조식(曺植)** 192~232년. 자는 자건(子建). 조비의 동생. 형과 후사(後嗣)를 다퉜다. "입을 열면 그대로 논문이 되고, 붓을 쥐면 즉시 문장이 생길 정도"의 재능을 소유해 조조가 한때 그를 후계자로 삼으려 했으나, 결국 형 조비가 태자가 되었다. 조조가 죽은 뒤에는 조비의 시기로 불우한 생애를 보냈다.

방을 본 조예가
대군을 이끌고 사마의가 있는 안읍에 진군해
사마의의 변명도 듣지 않고 직위를 해제하고
고향 온현으로 보냈답니다.
서야, 잘했다.
이것으로 위를 칠 조건은 갖춰졌다.
후후
마속.
그대의 책략이 훌륭했소.
이로써 승상의 방해자가 무대에서 사라졌습니다.
축하합니다.
마속. 병사들 단련은 어찌 됐소?
예
대장군 조운 공도 위군 따위 언제라도 토벌한다며 의욕이 넘칩니다.

* **사마의의 실각(1)** "사마의에게 반역의 의심이 있다"는 소문이 돌자 태위 화흠(華歆)은 "일찍이 태조(조조)는 '사마의는 눈초리가 사납기 때문에 병권을 주어서는 안 된다'고 말씀하셨다"고 했고, 사도 왕랑(王朗)도 "그는 군략을 깊이 연구해 평소부터 큰 뜻을 품고 있었다"며 서둘러 사마의를 주살할 것을 명제에게 진언했다. 이때 "이는 촉 또는 오의 계략일지 모르니 신중을 기해야 한다"고 반대한 사람은 조진(曹眞)뿐이었다(『삼국지연의』).

괜찮으십니까?
걱정 말게.
감기가 낫지 않았을 뿐이니.
콜록
나는 폐하께 올릴 문장을 쓰겠네.
좋다
콜록
콜록
콜록
내 숨을 담당하는 하늘의 신들 그리고 북두칠성이시여.
위를 토벌하고 이 천하에 평화를 가져올 때까지 제 목숨을 보전해주소서….
흔들
흔들

* **사마의의 실각(2)** 명제는 조진의 진언에 따라 안읍(지금의 산서성 하현)에 행차해서 사마의의 진의를 확인하려 했다. 사마의는 10만 군세를 이끌고 명제를 맞았으나, 이것이 반역의 증거로 여겨져 변명도 하지 못한 채 관직을 박탈당했다.

출사표.
신 제갈공명
삼가 폐하께 아룁니다.

* **출사표(出師表)** 227년, 공명이 군세를 이끌고 출격(출사)하기에 앞서 유선에게 상소한 것이 출사표다('표'란 황제에게 올리는 문장을 말함). 공명은 228년 제2차 북벌 전에도 상주문(후출사표)을 봉정(奉呈)했기 때문에(다른 설도 있음), 이때의 출사표는 '전출사표'라고도 불린다.

선제는 뜻을 이루지 못하시고 쓰러져
천하는 촉, 위, 오 셋으로 나뉘어 존망 위기의 가을이 되었습니다.
천하를 혼란에 빠뜨린 원흉은
온갖 포악한 짓을 다해 한의 명맥을 끊고
중원을 찬탈한 조조, 조비, 조예로 이어지는 위입니다.
지금은 한조의 피를 이어받은
우리 촉한이 위 토멸에 나서야 할 가을입니다.
바라건대 폐하,
저 승상 제갈공명에게 위 토벌의 대명을 내려주십시오.
우리 촉은 익주 일국의 작은 나라지만
폐하 밑에 문무백관, 병사와 백성에 이르기까지 인재가 풍부하니
천재일우의 좋은 기회라 단언할 수 있습니다.

*** 선제(先帝)** 유비를 말함. 출사표에는 '선제'라는 말이 13회나 등장한다. 또 시중시랑 곽유지(郭攸之), 비의(費禕), 동윤(董允), 장군 상총(向寵) 등이 유능하고 신뢰할 수 있는 신하라고 쓰여 있는데, 궁중의 일은 곽유지·비의·동윤과, 군사의 일은 상총과 상담하라고 적혀 있다.

신은 원래 비천한 몸이지만, 선제 폐하가 삼고초려로
초막을 찾아 오신 지
벌써 21년의 세월이 흘렀습니다.
저 제갈 공명은 바로 지금
돌아가신 선제 폐하 및 후제 폐하의 뜻을 이룰 심산입니다.
어진 신하를 가까이하고 소인을 멀리한 것이 전한이 번영한 이유,
소인을 가까이하고 어진 신하를 멀리한 것이 후한이 멸망한 이유입니다.
폐하.
제가 폐하 곁에 남긴 신하들은 모두 충의를 중히 하고 죽음으로 절개를 지킬 신하들이니
이들을 가까이하고 믿으십시오.
지금 먼 북벌을 위해 이 출사표를 아뢰어 올리는 것은….
… 저 저는….
눈물이 흘러 … 이제 할 말을…
알지 못합니다.
코로록
코로록

* **신은 원래 미천한 몸…** 원문은 "신은 원래 포의(布衣)…"다. 포의는 '벼슬이 없는 자'라는 의미로서 다음은 "직접 남양에서 농사를 지으며 난세에 목숨을 보전하려 했을 뿐 제후의 평판을 얻을 생각은 전혀 없었습니다"로 이어진다.

폐하.
부디 현찰(賢察)해 주시기를….
승상.
짐은 그대가 올린 표에 할 말이 없소….
예….
부디 몸을 소중히 여기고
위를 토벌해 주시오.
맹세코 뜻을 따르도록 노력하겠습니다.

* **공명의 결의** 『삼국지』「촉서 제갈량전」에는 출사표를 올린 뒤 그저 면양(沔陽)에 주둔했다고 나올 뿐이다. 하지만 『삼국지연의』에서는 공명의 출진에 즈음해 태사 초주(譙周)가 "천문을 보니 위의 기세가 강해 공격할 때가 아니다"라고 반대했으나, 공명이 "한동안 한중에 주둔하며 상황을 지켜보겠다"고 말하며 초주의 간언을 듣지 않는다.

촉의 존망을 짊어진 이 자리의 신하들이여.
승상을 도와 위를 멸망시키고
촉을 흥하고 번성케 해주시오.
옛.
폐하 만세!

만세!!
촉한 제국
만세!!

….

건흥 5년(227년) 3월 성도성 대광장
… 이상을 북벌군의 장수로 임명한다.
알겠나!
예─!!

제45장 비원(悲願)의 북벌

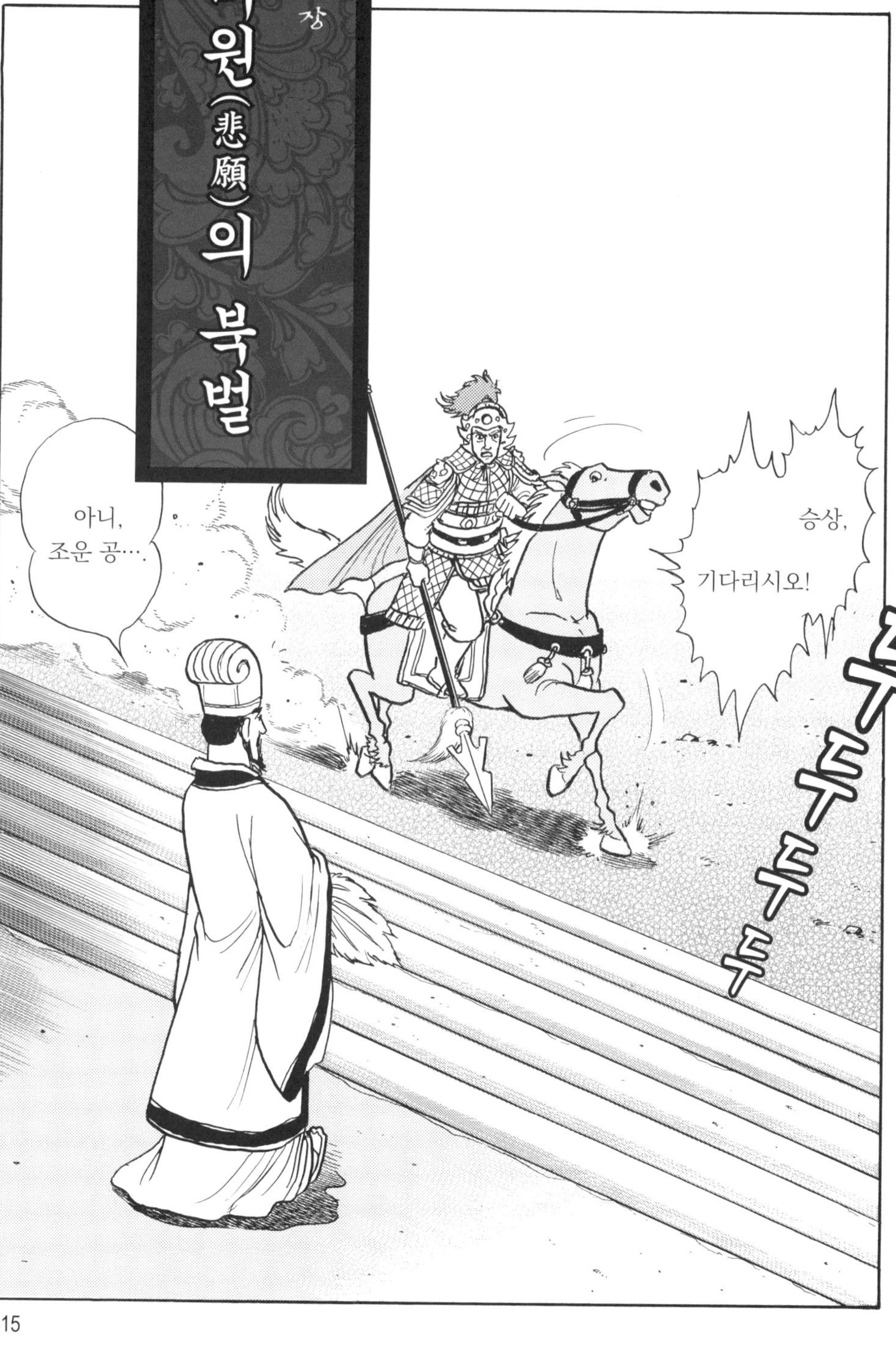
아니, 조운 공….
승상, 기다리시오!
두두두두두

대장군 조운 공은 일흔에 가까우니
편안히 살기를 바랐소.
왜 출진시키지 않는 것이오!?
늙긴 했지만
나는 아직 기력도 체력도 젊은이에 뒤지지 않소.
붕
보시오.
적의 목 몇백은
순식간에 베어 보이겠소.
붕
고맙소, 승상.
그럼
부디
대장군 임무를 맡아주시오.

*** 위나라 토벌** 227년(위의 태화 원년, 촉의 건흥 5년) 봄 공명은 최초의 북벌을 실행했고, 이후 224년까지 5회에 걸쳐 위나라로의 북벌을 행했다.

폐하도 촉의 융성에 늘 마음을 기울이십시오.
부디 몸조심 하시오.
좋은 소식을 기다릴 테니
승상.
그럼
지금부터 숙적 위나라 토벌을 위해 출진한다!
착
우오

공명은 한중의 정군산 기슭에 군을
주둔시키고 여러 장군들에게 위나라
토벌 작전을 지시했다.

나는 이번
일전으로 위를 멸망시킬 작정이다.
첫째, 사마의 없는 위군은 아무리 대군이어도
오합지졸이라 단언해도 좋다.

둘째, 책략.
위나라로 가서 지금 신성 태수가 된 맹달은 원래 촉의 장수로
이미 촉과 내통할 것을 승낙했다.
셋째, 우리 촉군 병사들의 기세는 하늘을 찌를 듯하다.
넷째, 전략이다. 내게는 3년 동안 완성한 비책이 있다.
내게 모두 맡기겠는가?
예!
말씀에 따르겠습니다.
한 가지 제안이 있습니다.
말해보시오, 위연.

낙양에 버금가는 요지 장안을 빼앗을 계책입니다.
병사 1만을 주시면 자오곡을 건너 북진해서
열흘 내에 장안을 함락하겠습니다. 어떻습니까?

잘 들었소, 위연.
나도 그 생각을 했으나
옹주와 양주 서쪽에서 장안, 낙양을 공격하는 정공법으로 결정한 것이오.
그대의 계책은 적에게 방비가 있으면 전멸당할 위험이 있기 때문이오.

알겠습니다.
말씀에 따르겠습니다.

으흠
그럼 지시를 내리겠다.
정보 담당 서야,
네 부하의 정보를 알려주어라.

예
적은 황제 조예가 장안에서 지휘 중입니다.
하후무가 선진,
그 뒤를 대장군 조진의 대군이 서쪽으로 향하고 있습니다.

하후무(夏候楙) 출생연도 사망연도 미상. 자는 자림(子林). 하후돈의 차남이나 『삼국지연의』에는 한중에서 전사한 하후연의 아들로서 하후돈의 양자로 되어 있다. 조조의 딸을 아내로 맞았기 때문에 '부마'로 불렸다.

* **사곡(斜谷)** 지금의 섬서성 미현 남서. 공명이 북벌의 출격 기지로 삼은 한중 · 관중(장안을 중심으로 한 지역 명칭)을 연결하는 주요 가도 중 하나인 포사도(褒斜道)의 북쪽 출구에 해당한다.

총력 50만,
따르는 장수는 곽회 이하 약 20명 입니다.
알았다.
조운 대장군은 사곡에서 진격해
하후무군과 조진군을 쳐부수고 지시를 기다리시오.
관흥, 장포는 대장군을 도우라.
가정
천수
기산
사곡
하후무군
조운군
하변
공명군
한중
정군산
양평관
예!
필히 멋진 죽음으로 명예를 남기겠습니다.
마대.
그대는 양주군을 막기 위해
옹주 서부 안정, 천수, 남안의 세 성을 향해 진격해주게.
맡겨 주십시오, 승상.

* **남안(南安)** 옹주 서부의 군명. 군도는 환도(豲道, 지금의 감숙성 농서현 남동)에 있었다. 후한 시대에는 서주에 속해 있었으나 후한말에 남안군·광위군·천수군으로 분할되었다.

우리는 무도를 벗어나 일간 기산으로 향할 것이오.
마속이 제1진
위연이 제2진
등지, 왕평이 제3진이다.
알겠나!
예
알겠습니다.

그럼
전군 출진!
오———
魏
張
馬
趙

콜록
콜록
휘청
괜찮으세요?
후욱
위를 멸망시킬 때까진 목숨을 유지하마.
촉군은 적지와의 사이에 가로놓인 진령산맥의 난관, 촉의 잔도를 지나 진군했다.
蜀
蜀

승부를 겨루자!
늙은이!
챙
이얍
깡
나는 촉의 대장군 조운이다!
하후무, 나와랏!
깡
관흥, 좌우에서 공격하자!
좋아
장포, 대장군을 구하자!
위험해!
앗.
흔들
챙
죽어라, 조운!
챙

챙
깡
얍!
이얍!
하후무를
생포했다!
에잇!
분하다.
털
썩
으악.
좋다.
남안성을
함락시켜라!

남안성
와와
와와
두두두두두
와
張
關
趙
張
우오—!!
남안성을
함락시켰다!!
南安城

천수성
마속, 왕평, 등지는 저 성을 멀찍이 둘러서 군을 매복 시켜라.
적장 강유를 도발할 테니
나오면 즉시 성을 빼앗아라.
알겠느냐.
예
알겠습니다.

*** 강유(姜維)** 202~264년. 자는 백약(伯約). 옹주의 천수군 기현(지금의 감숙성 천수시 근처) 출신.

위연은 100명의 병사를 이끌고 강유를 도발하라.
강유를 끌어내기만 하면
천수성을 즉각 함락시킬 수 있다.
미끼가 되면 되겠군요.
그럼
출진합니다.
강유는
이리 나와라!
우리 촉군에게 겁을 먹었냐.
강유!!

시끄럽다!
나의 낮잠을 깨우다니, 대체 무슨 일이냐!?
촉의 위연 이다.
강유는 나와랏.
목을 베어 주마.
자, 승부를 겨루자!
너 같은 피라미와 승부를 겨루겠느냐.
공명을 데려오면 승부를 겨루마!
우리 승상이 너 같은 애송이를 상대하겠느냐!
긴말 할 것 없이 나와서 내 칼을 받아랏!
이 천수성은 천하무적으로 유명한 성이다.

촉군 20만이 몰려와도 함락되지 않는다.
돌아가 공명에게 말하라.
나 강유는 공명이 와야만 상대하겠다고.
위연이라고 했나? 그럼 나는 다시 낮잠을 잘 테니 거기서 짖고 있어라.
하하하하
모두 위연에게 화살이라도 쏴주어라!
젠장!
머지않아 울상을 짓게 해줄 테니 두고 봐라!

그날 밤
공명은 항복하라!
와
와
우오
와
저건…!?
위연 이놈, 나와랏!
와
와
와
앗.
강유 놈의 야습입니다.

*** 강유의 실력** 『삼국지연의』에서는 강유와 처음으로 대전한 사람이 조운이었다. 그는 강유의 창 솜씨를 보고 "이런 인물이 있는 줄 몰랐다"고 감탄했고, 공명에게도 창의 명수라고 극찬했다.

두두두두
싸우지 말고 일단 후퇴하라.
후퇴 하랏!
후퇴 하라!
우오
두두두두두
네놈은 독 안에 든 쥐다!
항복하지 않으면 몰살시킨다!
아차!
앞에…!

공명군을
한 놈도
놓치지 마라!
낮의 원한을
풀겠다.
강유.
오히려 위연!
내가
혼내주마.
깡
챙

후후.
앗!
후퇴!
후퇴!
따따따
위연. 승상의 명령이다.
빠빠빠

제46장 강유를 막료로

강유의 군략에 참으로 애를 먹었군.
우리 막료로 만들 방법이 없겠소?
승상!
제가 반드시 열흘 안에 항복시키겠습니다.
한데 강유의 창과 담력이 보통 아닙니다.

강유의 부하 영순을 생포했습니다.
오
서야.
그는 누구냐?

음….
영순 공.
잘했다,
서야.
죽여라,
공명.
나 영순은
강유 장군의
이름을
더럽히기 싫다.
어서
죽여랏!
툭
서야.
영순 공의
포승을
풀어주어라.
예!?
괜찮을지
….
물론.
영순 공.
나는
강유 공의
용기와 계략에
진심으로
감복했네.
강유 공을
그대와 함께
우리 막료로
맞고 싶은데?

나는 진심으로 말하고 있네.
그게 사실 입니까?
하
뭐라…?
그래, 뭔가 방법이 있는가?
하지만….
강유 장군은 이름이 그리 알려지지 않았지만
지혜와 용기를 겸비한 당대의 영걸입니다.
그럼
어머니를 구출하면 우리 막료로?
실은 위의 대장군 조진 공의 미움을 받아서
어머니가 조진 공에게 붙잡혀 있습니다.
기현의 어느 곳….
예
아마도 그럴 것입니다.

*** 강유의 성장 과정(1)** 『삼국지』「촉서 강유전」에 따르면 강유는 어린 시절 아버지를 여의고 어머니 손에 자랐다고 한다. 또한 같은 책의 주에는 강유가 은밀히 공명(功名)을 세우는 데 뜻이 있었기 때문에 서민이 하는 일은 하지 않았다고 기록되어 있다.

그렇군.
서야.
영순 공의 안내를 받아 강유 공의 어머니를 구출하러 가라.
예
즉시!
영순 공.
어머니를 구출하면
강유 공을 반드시 우리 진으로 데려오시오.
예
승상.
약속 합니다.
서와 영순은 보란 듯이 강유의 어머니를 구출해 왔다.
어머니!

* **강유의 성장 과정(2)** 강유의 아버지 강경(姜冏)은 군의 공조(태수의 속관)였으나 강(羌)족의 반란이 일어났을 때 군의 장군을 지키기 위해 분전하다가 전사했다. 그 때문에 강유는 성장하자 중랑(경호역)의 관직을 받고 군(郡)의 군사(軍事)에 참여하게 되었다(『삼국지』「촉서 강유전」).

어머니.
오랜 인질 생활이
분명 힘드셨을 테지요.
변소 갈 때도 망보는 사람이 붙더구나.
이제 걱정 마십시오.
앞으로 공명 공께 충성을 다할 것을
이 강유, 진심으로 맹세합니다.
강유 공.
나는 그대가 싸우는 모습에서 천부의 재능을 발견했소.
앞으로는 촉을 위해 그 능력을 발휘해주시오.
예
잘 이끌어 주십시오.

* **상대를 사로잡는 공명의 말** 강유를 마주한 공명은 손을 잡고 "나는 초가집을 나온 이래 현자를 찾아 내가 배운 것을 전수해주고 싶었으나 적임자를 만나지 못했소. 그러나 지금 귀공(강유)을 만나 겨우 바람이 이루어졌소"라고 말했다. 이 말에 감격한 강유는 엎드려 절하며 감사 인사를 했다고 한다(『삼국지연의』).

12월 20일, 기산 동남 백리 단곡
여차하면 적의 대장군 조진의 본진 20만이
여기를 공격할 것이다.
이것만 궤멸하면 위나라 침공의 길이 크게 열린다.
알겠나?

옛!

우리의 작전은 이렇다.
적은 먼 길을 진군해서 몹시 지쳐 있을 터,
적은 20만으로 병력은 다르나,
우리는 시간차 공격으로 적을 제압할 것이다.

*** 단곡(段谷)** 단곡은 천수군 상규현 동남에 있는 골짜기의 이름으로 지금의 감숙성 천수시 남동이다. 단곡 전투는 역사적으로는 공명이 죽고 22년 뒤인 256년에 있었다.

제1진은 마속 그대다.
적이 모습을 보이면
3만 병사를 이끌고 적을 무찌르라!
옛
더없는 명예입니다.
다만
적의 기선을 제압할 뿐, 제압 뒤엔
지는 체하고 해 질 녘엔 후퇴시켜서
적의 눈을 속여 북방의 이 지점에서 대기하라.
그런데 승상.
지라는 말씀…?
최후에 이기기 위해서다.
알겠는가, 마속.
제2진은
강유와 왕평이다.
예.

그대들은 모레 아침 출격하라.
병사는 3만, 해 질 녘까지 힘껏 적을 농락하라.
그리고 적당한 때에 역시 지는 척하며 퇴각해서
적의 남방에 대기하라.
이곳.
한 가지 계책이 있습니다.
조비는 제가 촉에 항복한 것은 알아도
어머니를 구출한 사실은 모를 것입니다.
공국
그래서 항복의 백기를 달고
적에게 최대한 접근해서 공격하면
분명 큰 타격을 입힐 것입니다.
후후
그대는 기대한 대로 역시 재략가다.
좋다. 그 방법을 써보지.
그럼 저는 강유 공의 후진을 맡겠습니다.
음
좋다.

적은 이틀 동안 승리했으니 우리 군을 얕볼 것이다.
그러면 다음 날 한밤중인 자시에 총공격을 하겠다.
내가 지휘하는 위연군 4만은
여기서 총공격을 한다.
마찬가지로 마속군은 북에서
강유, 왕평군은
남에서 적에게 쇄도하라.
옛
승리는 정해졌습니다.
후후
한 가지 수가 더 있다.

서야.
네 차례다.
너는 3천의 병사를 이끌고 적의 꽁무니로 가서
함성을 지르며 연막탄으로 화공을 펼쳐라.
서군의 화공을 전군 총공격의 신호로 삼는다. 알겠나?
기다렸습니다, 선생님.
아니 승상.
헤헤
옛!!
재미 있겠다.
다만 서야.
4리는 적의 퇴로로 비워두어라.
『손자병법』에도 있지.
모든 퇴로가 끊긴 적은 필사적으로 싸우니 조심하라고.

＊손자병법(孫子兵法) 손자(孫子)는 공격하는 데 있어서 피해야 하는 9원칙의 하나로 "적을 포위할 때는 도피로를 끊어서는 안 된다"는 점을 꼽았다.

서군은 역할을 마치면
즉시 마속군에 합류하라.
이로써 조조군 25만 중 15만은 무찌를 것이다.
모두 알겠나!
반드시 이루겠습니다.

첫째 날의 마속군, 셋째 날의 강유・왕평군의 공격과
예정된 패주도 공명의 지시대로 성공했다.

그날 깊은 밤.
蜀
魏延
전투태세를 한 공명·위연군은 불을 끄고 서군의 화공 신호를 기다렸다.
5리 앞에 조진군의 화톳불이 보였다.
馬
북방에 있던 전투태세의 마속군도 불을 끄고 서군의 신호를 기다렸다.
남방의 강유군도 불을 끄고 신호를 기다렸다.
王平
姜維

*** 조진(曺眞)의 출진** 『삼국지연의』에서는 하후무가 패퇴한 뒤 위의 명제(조예)는 사도 왕랑의 진언을 받아들여 대장군 조진을 대도독으로 임명하고 촉군을 치게 했다. 조진은 옹주 자사 곽회(郭淮)를 부도독, 왕랑을 군사로 삼아 20만 군사를 이끌고 출진했다고 한다. 정사를 보면 공명이 기산에 진출하자 조진이 즉시 옹주에 파견되어 공명의 북벌을 격퇴했다.

서는 언덕 뒤에 숨어
1리 남짓 앞에서
화톳불을 피우는
조진군의 천막을 살폈다.
준비는 됐나?
예
완벽 합니다.
좋다. 화공 작전 개시!
활활

돌격!
우오
적의 습격이닷!
활활
와
와
와
와
와

얏뜨거…!
무기를 들어라!
서둘러!
연막탄이다!
얏
탕
콰쾅
적군을 한 놈도 놓치지 말고 베어랏!
연막탄을 더 던져!
콰쾅
콰쾅
으아
달아나랏!
두두두…

좋아
서의 화공은 성공했다.
착
우리 군도 돌격하라!
지금이다. 위군을 쳐부숴랏!
와오
魏延
두두두두두

魏延
조진은 어디 있느냐!
이놈들. 너희 같은 피라미들과는 볼일 없다.
돌진!
좋다. 돌격 신호다.
힘껏 공을 세워랏!
모두 진격하랏!
불길이 올랐다.
馬謖

姜維
얍!
이얏!
착
댕강
퍽
으악
크억…

후후후
조진, 이놈! 분명 허둥거리고 있겠지.
좋아. 사방에서 돌격해 위군의 궤멸이 분명해졌군.

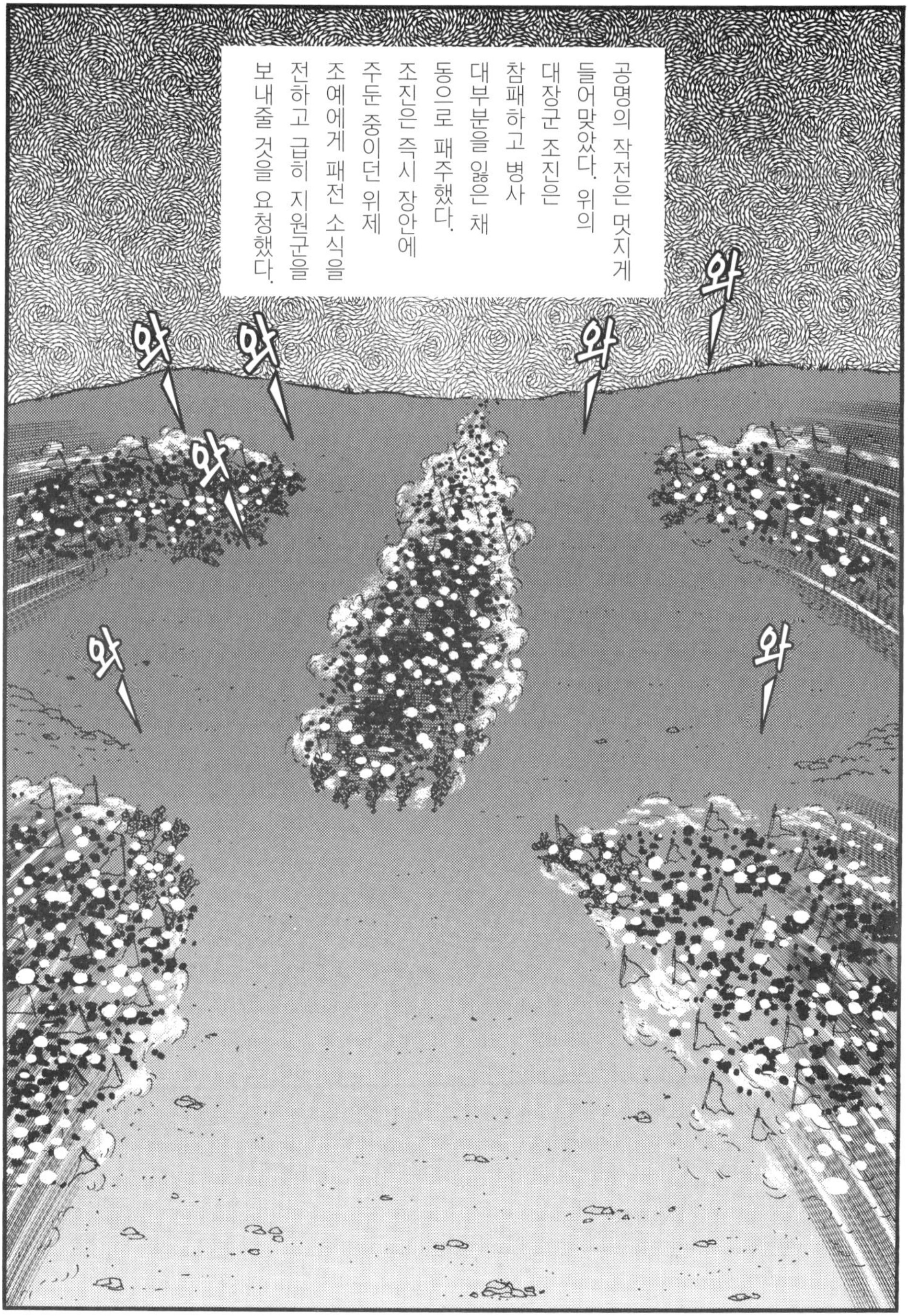
공명의 작전은 멋지게 들어맞았다. 위의 대장군 조진은 참패하고 병사 대부분을 잃은 채 동으로 패주했다. 조진은 즉시 장안에 주둔 중이던 위제 조예에게 패전 소식을 전하고 급히 지원군을 보내줄 것을 요청했다.
와
와
와
와
와
와
와

제47장 장안 침공 작전

건흥 6년(228년), 기산에 진출한 공명은 극비 군사회의를 열었다.
오늘 군사회의엔 위 토벌의 기본 노선을 결정짓겠소.
절대 누설해선 안 되오.
전에 쫓아버린 조진은
분명 위제 조예에게 지원군을 요청했을 터
조예군은 수가 30만쯤 될 것이오.
그럼 장안 방비가 상당히 허술하겠군요.
그렇소.
흐흐

* **가정(街亭)** 옹주 광위군에 속한다. 지금의 감숙성 장랑현 동방.
한나라 시대에는 가천현 또는 가성현이라고도 했다.

게다가 적은 대군을 내세워 단번에 우리 군을 치기 위해
이 근처 북로로 신평군을 빠져나가
아마도 가정을 확보하려 할 테지.
그럼 도중에 숨어 있다가
전처럼 포위 작전을…?
그럼 가정에서 적을 단번에?
아니, 그러지 않겠소.
그럼…?
그것도 아니오.
가정
가정에는 약 3만의 병사를 숨기고
서쪽 마대군 2만과 합쳐
총 병력 5만으로 적을 막겠소.
5만의 가정 방비군이 위군에게 큰 타격을 주고,
보름쯤 그 자리에서 꼼짝 못하게 하면 본군은 위수를 따라 달려서
야곡의 조운군과 합류해
위제 조예가 있는 장안을 치는 것이오.
가정
위군 진로 예상
마속군 진로
기산
위수
장안
조운군 진로
제갈량군 진로
한중

* **신평군(新平郡)** 옹주 중부의 군명. 치소(군도)는 칠현(지금의 협서성 빈현). 후한 시대에는 사례와 양주의 주 경계 근처에 위치하고 있었다.

장안 공격엔 또 하나의 계책이 있소.
옛
장안을 함락하면
위도 낙양으로 힘차게 돌진한다!
장안
승상의 생각은 본진이 장안을 공격하는 동시에
위를 배신할 신성의 맹달이 배후에서 장안을 공격하는….
어떤…?
그리고 또 하나의 계책을 실행하오.
옳지!
훌륭한 계책이군요.
승상은 역시!
우리가 장안을 공격하면
이와 때를 같이해서 동맹국인 오가
동쪽에서 위를 공격하는 것이지.

등지.
오와 동맹을 맺은 것은 그대의 공로요.
또 한 번 오에 가서 촉과 오가 함께 위를 치자고 설득해주시오.
예
목숨을 걸고 하겠습니다.
부탁 하오.
서야. 끝으로 너의 역할이다.
예, 선생님.
아니
승상.
너는 장안에 가서
최대한 위의 움직임을 살펴라.
예
사소한 것까지 빠짐없이 살피고 오겠습니다.
그리고 오가 장안으로 진격한다는 정보를 뿌리면 어떨까요?
후후
위군을 동방으로 갈라놓기 위함인가?
좋다. 해보자.
예.
그렇게 하지요.

* **오의 위 침공** 제1차 북벌이 행해진 228년, 오의 육손은 석정(지금의 안휘성 잠산현 북방)에서 위의 정동대위군·양주목 조휴를 쳐부수는 전과를 올렸다.

그럼 군사회의를 마치겠소.
위군은 한참 뒤에 올 것이니
그때까지는 쉬도록!

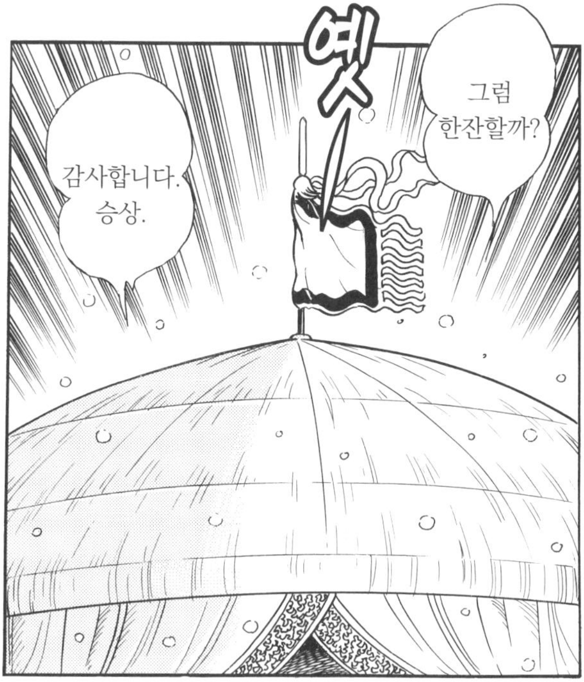
그럼 한잔할까?
옛
감사합니다. 승상.

2개월 뒤

공명 선생님.
오, 서야.
기다리고 있었다.
장안의 움직임은 어떠냐?
그보다 몸은 좀 어떠신지요?
약 덕분에 그럭저럭 괜찮다.
그래, 적의 정세는?
조예는 30만 병사를 촉으로 향하게 했습니다.
대장군은 사마의,
선봉은 장합입니다.

* **사마의 출진** 『삼국지연의』에서는 하후무·조진이 공명에게 연달아 패했기 때문에 사마의가 기용돼 북벌을 막는 것으로 되어 있는데, 실제로 공명과 사마의가 직접 대결한 것은 제1차 북벌로부터 3년 뒤인 232년이었다.
* **장합(張郃)** 출생연도 미상~232년. 자는 준예(儁乂). 기주의 하간군 막현(지금의 하북성 임구현 북쪽) 출신.

뭣이!?
사마의는 직위해제 되어
완으로 돌아가지 않았느냐?
조진군이 참패했기 때문에
조예는 사마의의 재기용을 결의 했습니다.
그리고
신성의 맹달 공이 참수를 당했습니다.
믿고 있던 맹달이….
어째서?
대장군으로 임명된 사마의는
즉시 맹달 공이 배반할 거라는 정보를 입수했습니다.
그런 다음
부하들을 이끌고 신성으로 직행해 맹달 공을
개전의 제물로 삼고
그 목을 가지고 장안으로….
이거 곤란하군.
장안 공격 비장의 무기 맹달이 사라지고
위에서 가장 만만찮은 사마의가 나오다니.
그래서
사마의의 움직임은 어떠냐?

* **사마의의 재기용** 촉군의 공격으로 위 왕조는 두려워하고 당황했다. 태위 종요(鍾繇)는 공명의 모략으로 반역의 의심을 받고 완성(宛城, 지금의 하남성 남양시)에서 근신 중이던 사마의를 방위군 지휘관으로 추천했고, 명제(조예)는 즉시 사자를 파견해 사마의에게 복귀를 명했다(『삼국지연의』).

선생님의 예상대로
신평군으로 향하는 듯합니다.
그렇다면 우선 가정을 지나지 않을까요?
장안에 남은 적군은…?
저의 가짜 정보로 인해
5만 정도 남기고 오로 향하는 중입니다.
잘했다, 서야.
蜀
姜
馬
장안의 적은 5만뿐….
사마의와 조예.
이놈들! 두고 봐라!

3월, 공명은 신양에 주둔하며 군사회의를 열었다.
위군은 장합을 선봉으로 해서 가정으로 향하고 있다.
나의 전략은 전에 말한 대로
일군이 장합과 사마의의 대군을 가정에서 무찔러 그들이 꼼짝도 못하는 사이에
본진은 단번에 장안을 공격하는 것이다.
가정에는 누가 갈 텐가?

*** 신양(新陽)** 위의 옹주 천수군에 속한다. 지금의 감숙성 천수시 북쪽.

그곳에는 제가!
적은 30만,
죽음을 각오한 싸움이 될 것이다.
아니
제가!
그러니 병법에 밝은 저를 부디!
병사는 3만밖에 주지 못한다.
서쪽에서 마대군 2만이 도우러 오겠지만
합쳐도 5만이다.
보름 동안 위군이 꼼짝 못할 때
본진은 모두 장안을 공격한다.
지원은 없다!
승상 밑에서 함께한 지 20년인 저 마속이
부디 공을 세우게 해주십시오.

이야말로 남자의 소망.
적이 50만이라도 가정을 사수해 보이겠습니다!!
좋다
마속.
이 역할을 그대에게 맡긴다.
단, 가정은 산골짝이니
결코 산 위에 진을 쳐선 안 된다!
후후
병법으로는 사마위 따위에게 지지 않습니다!
그럼
왕평을 부장으로 데려가라.
예
감사합니다, 승상!
또한
내게 매일 정보를 보내는 걸 잊지 말라.

여기가 가정이다.
마대군은 아직 오지 않은 것 같군.

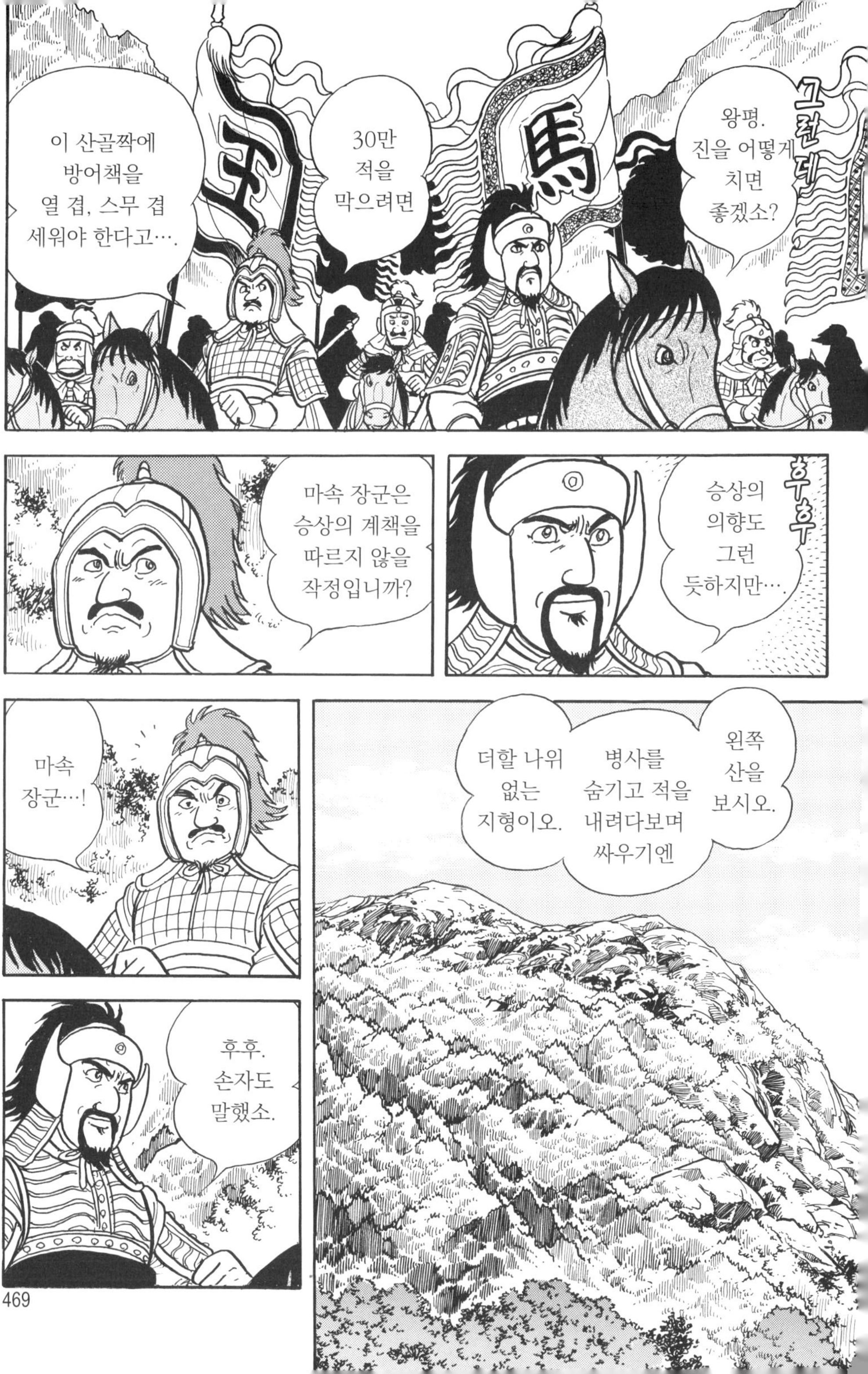

그런데
왕평. 진을 어떻게 치면 좋겠소?
30만 적을 막으려면
이 산골짝에 방어책을 열 겹, 스무 겹 세워야 한다고….
후후
승상의 의향도 그런 듯하지만….
마속 장군은 승상의 계책을 따르지 않을 작정입니까?
왼쪽 산을 보시오.
병사를 숨기고 적을 내려다보며 싸우기엔
더할 나위 없는 지형이오.
마속 장군…!
후후. 손자도 말했소.

"지형은 병사에게 도움이 된다. 이것을 알고 싸우는 자는 반드시 이기고… 싸움이 반드시 이기게 되어 있으면 주군이 싸우지 말라고 해도 반드시 싸워야 한다"고.
주군은 승상을 말하는 것이지.
후하하하
하지만
승상이 산 위에 진을 치지 말라 한 것은
적에게 포위돼 물길이 끊기는 것을 피하라는 뜻이 아닐까요?
하하핫
병법을 모르는군.
손자는 "병사는 사지에 빠지면 살아날 기회를 얻는다" 고도 말했소.
즉, 병사는 절체절명의 위기에 놓이면
필사적으로 분전한다는 말이지!
마속 장군….
이 군의 대장은 나요.
명령에 따르지 않을 셈이오?

* **지형은 병사에게 도움이 된다…** 출전은 『손자』「지형편」. 적의 병력, 지형 등을 검토한 뒤 반드시 이길 것이라는 전망이 서면 주군이 싸우지 말라고 해도 싸워야 하고, 반대로 승리할 조짐이 보이지 않으면 주군이 싸우라고 해도 싸워서는 안 된다고 설명한다.

그대도 고집이 세군.
그럼 저는 하다못해 1만의 병사만으로
승상의 말씀대로 싸우도록 하겠습니다.
뭐
좋소.
단, 병사는 5천밖에 내줄 수 없소.
5천 이요?
예….
있는 힘껏 싸우겠습니다.
왕평은 공명이 명령한 대로 산골짜기에 몇 겹의 방어책을 세우고 방어책 사이에 병사를 배치했다.

마속은 자기 생각대로
산 위에 병사들을
숨겼다.
우와
쳐부숴랏!
두두두두
두두두
이윽고 사마의·장합군
30만이 밀어닥쳤다.
마침내 왔구나.
우선 왕평군이 어떻게 싸우는지 한번 보자.

좋아
연막탄을 던져랏!
쿵 쿵
크엑!
魏
컥!
콰콰
다음은 화살이다!
핑 핑
슈슈

쾅 쾅
쾅 쾅
또 연막탄이다!
와 와
와 와
이쪽도 화살로 싸워랏!
魏
쓩 쓩 쓩
펑 펑
쓩 쓩
펑

대장군.
신탐, 신의군에게 산을 포위케 하고
녀석들의 배후를 공격하게 할까요?
좋다
신탐, 신의 두 군은 녀석들의 뒤로 돌아가랏!
옛!
장합.
공명이 이끄는 촉군은 십수만이 될 것이오.
예.

녀석들이 어디 숨든 30만 우리 군이 이 가정을 차지하면
남쪽으로 진군할 촉군 따위 두려워할 게 없습니다.
한데
우리 군이 싸운 상대는 아직 5~6천뿐,
신양에 있다는 공명, 조운은 지금 어디서 무엇을 하고 있소?
아니
상대가 공명이라면 더 세심히 대비해야 하오.
첩자를 더 많이 풀어 구석구석까지 적의 상태를 살피게 하시오.
예.
그럼
즉시….

가정의 마속군이
숨어 있는 산
이런 산에 적이 있을까?
장합 장군이 산과 벽지를 샅샅이 살피라고 하셨네.
올라 가세.
어이, 저걸 보게.

제48장 마속을 베다

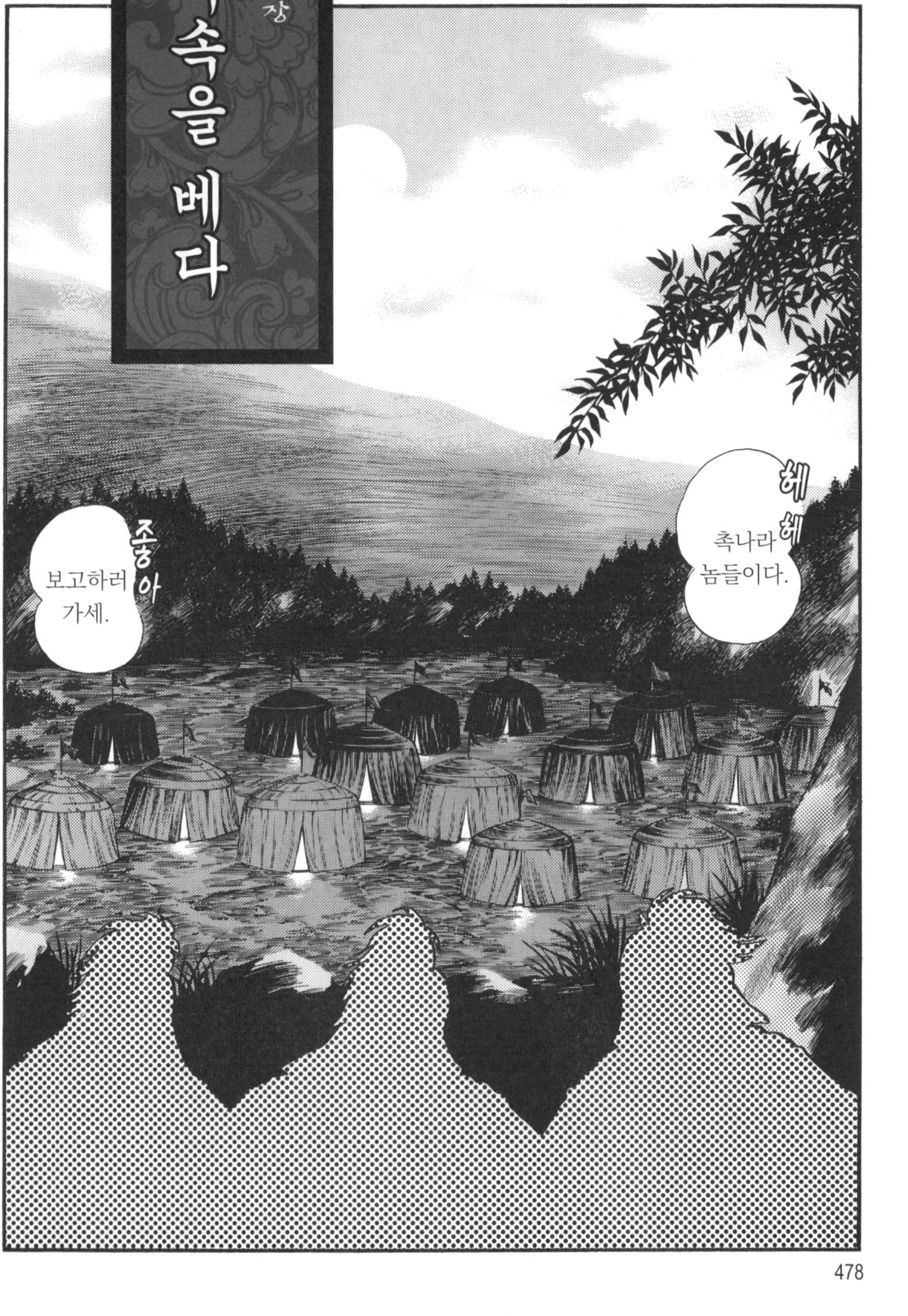
헤헤
촉나라 놈들이다.
좋아
보고하러 가세.

이것은 공명의 계책이 아닐 것이오.
흐흐
저 산에 숨어 있었어.
그렇군
아니, 화공이 제일이오.
물도 없는 산에선
산을 포위하면 적을 궤멸시킬 수 있습니다.
과연!
"불로 공격을 도우면 효과는 명백하다"고.
손자도 말했소.

* **불로 공격을 도우면 효과는 명백하다** 출전은 『손자』「화공편」. 화공의 목적으로는 적병에게 손해를 입힌다, 물자를 태운다, 보급을 끊는다, 창고를 태운다, 적진을 혼란시킨다 등이 있다. "불로 공격을 도우면 효과는 명백하고, 물로 공격을 도우면 효과는 강력하다"며 화공을 수공과 함께 효과적인 공격 수단으로 설명하고 있다.

물길을 끊고 화공을 쓰면
적을 끝장내는 데 닷새면 충분하오.
아니
사흘이면 충분하오.
오늘 밤부터 즉시 불로 공격하시오.
단, 적이 필사적으로 저항하지 않도록
2리쯤 퇴로를 여시오.
물길이 끊기고 화공이 이틀간 계속되자 마속의 제지에도 불구하고 위군에 투항하는 병사가 속출했다. 이미 5천의 왕평군은 분전도 헛되이 후퇴한 상태였다.

고상.
산에 숨은 것을 이리도 빨리 알아챘군.
원통하다.
그러지 않았으면 야간에 사마의를 습격하려 했는데
뿌드득 뿌드득
으으….
나는 승상을 말을 듣지 않아
촉 본군의 장안 토벌 꿈을 박살냈소.
마대의 지원군이 오지 않은 것도 오산이었지만….
이렇게 됐으니….
음
지금부터 사마의를 총공격해서
우리 군의 힘을 보여줄 수밖에 없다.

* **고상(高翔)** 출생연도 사망연도 미상. 『삼국지연의』에서는 우장군으로서 제1차 북벌에 참가, 가정을 수비하는 마속을 돕기 위해 가정 근처의 열류성(列柳城)에 파견되었으나 위군의 공격을 받아 패퇴했다. 『삼국지』「촉서 제갈량전」에서는 제4차 북벌 때 위연(魏延), 오반(吳班) 등과 함께 장합을 무찔렀다.

모두
돌격하라!
두두두
우오옷
사마의를 죽여라!
마속은 산기슭을 빈틈없이 메운 위군을 뚫고 돌파했으나…
두두두두

이렇게 되어 마속군은 완전히 무너졌습니다.
알았다. 물러가서 쉬어라.
후
이로써 장안, 낙양 진격의 꿈도 사라지는 것인가….
흔들
흔들
… 아니, 모두 내 잘못이다….
마속을 보낸 것은….
헉
승상. 무슨 일이세요?
… 그보다 타격을 입지 않은 사마의의 대군이 덮쳐 오면…
우리 촉군은….

* **가정의 싸움** 『삼국지연의』에서는 마속이 "산 위에 진을 치지 말라"는 공명의 명령을 무시하고 장합군에게 포위되어 궤멸담하는 모습이 그려져 있는데, 역사서에는 합전(合戰)의 모습은 자세히 기록되어 있지 않다.

우엑—
쿨럭
승상!!
승상.
정신
차리세요!!

나보다
촉군을…
구해야….
서야.
사곡으로
가고 있는
조운군을
포함해…
… 전령을 보내
전군에게 철퇴
명령을….
한중의
정군산
산기슭으로
모두….
어서
가라.
예
예에….
한데
승상,
괜찮으신
겁니까?
으음
가라.
내 몸보다
촉군을
구해야….
전령을
보내고
즉시
돌아오겠
습니다.
그때까지
정신을….
두두두두두

* **조운의 철퇴전(撤退戰)** 조운군은 철퇴할 때 조운이 스스로 후미가 되어 큰 손해를 입지 않고 물자도 버리지 않은 채 돌아왔다. 공명이 은상으로 병사들에게 비단을 주려고 하자 조운이 "패한 전쟁인데 상이 있는 것은 이상하니, 이 비단은 일단 창고에 넣어두었다가 나중에 겨울 준비를 위한 물품으로 하사하시라"고 말해 공명은 매우 기뻐했다고 한다(『삼국지』「촉서 조운전」의 주)

전군에게 전령을 보냈습니다.
이걸….
꿀꺽
미…
미안하다. … 서야.
선생님.
말씀을 하시면 안 됩니다.
안심하고 주무세요.

촉군은 정군산 산기슭으로
속속 모여들었다.
정군산
촉군 진영
조운 장군이 야곡까지 진격했는데
제 실수로 위를 쳐부수지 못한 것을
부디 용서해 주십시오.

그럼
나는 이만….
장군이야말로 건강을 챙기십시오.
아니오
이기고 지는 것은 세상사,
몸조심하며 다음 전쟁을 준비해주시오.
마속 장군이 왔습니다.
후
… 마속!

승상…
이 싸움에서 위를 멸망시키지 못한 것은…
모두 지시를 따르지 않은 제 책임입니다.
죽음밖에는 사죄할 방법이 없습니다.
아니, 이제 아무 말도 말라.
그대를 기용한 내 죄다.
아니
무슨 말씀을 하시는 겁니까….
울지 마라, 마속.
그대는 병법….
오랜 세월 저를 친자식처럼
사랑해주신 승상을 배신하고
승상의 꿈을 박살내 버렸습니다.
어서 저를 사형에….
흐흑

* **울면서 마속을 베다** 규율을 지키기 위해 자신이 사랑하는 사람이나 신뢰하는 부하라도 개인적 감정을 버리고 처벌할 때 예로 쓰이는 이 말, 읍참마속(泣斬馬謖)은 가정 전투의 고사에서 유래한다. 공명 자신도 패전에 대한 책임을 지고 장병들에게 사죄했으며, 3계급 강등을 청원했다.

그대를 사형에 처하는 것은
내 몸을 베는 것보다 괴롭다.
그러나
군법을 무시할 수는 없다….
죽어 주게, 마속.
마속.
남기고 싶은 말이 있나?
저는 저세상에 가도
위 토멸을 기원하겠습니다.
그리고….
무슨 말이든 하라.
고향에 있는
아내와 아이들을 부디 잘 부탁합니다.
그대의 처자식은 내 처자식과 같다.
걱정 말라.

마지막으로 승상의 얼굴을 다시 한번….
감사 합니다.
흑
성도에서 참군 장완 공이 오셨습니다.
우시는 겁니까?
승상.
흑

이런, 눈치를 챘구려.
지금 마속 장군의 목을 베려는 것을 보았습니다만,
그것 때문에…?
그것도 그렇고….
가정의 참패는 들었으나
눈물을 흘릴 만큼
아끼는 장수라면 베지 않아도 될 것을….
아니
손자가 명군사였던 것은 군법을 엄격히 지켰기 때문이오.
마속을 용서하면
앞으로 우리 군의 사기에 지장이 있소.
그리고….
그리고?
선제 폐하가 돌아가실 때
마속은 말만큼의 실력은 없는 사람이니 큰일을 맡겨서는 안 된다고 하셨소.
그 말씀을 거역한 것이 후회되어 견딜 수가 없소.

제갈공명은 위를
쳐부수지 못한 책임을
들어 유선 황제에게
승상의 지위에서
우장군으로 강등할
것을 청했으나,
승상직은 대행하기로
했다.

그해 가을
노장 조운이
병사한 것도
공명에게는
큰 손실이었다.

제갈공명은 병든 몸에 채찍을 가해 건흥 6년(228년)에는 진창성(陳倉城)에서 위군과 대결했고, 건흥 7년 제3차 북벌에서는 음평(陰平)·무도(武都) 두 성을 탈환하고 다시 승상의 지위에 복귀했다. 건흥 8년에는 양주까지 달려가 위군을 혼란하게 만들었다.

다음 해 건흥 9년에는 제4차 북벌을 감행했다. 이때 기산에서 사마의군과 격돌해 대승을 거두었으나 병량 부족으로 어쩔 수 없이 철퇴했다. 그 뒤 3년 동안 공명은 병사들을 쉬게 하고 군마, 무기, 식량 비축에 힘쓰며 자신도 요양을 했다.

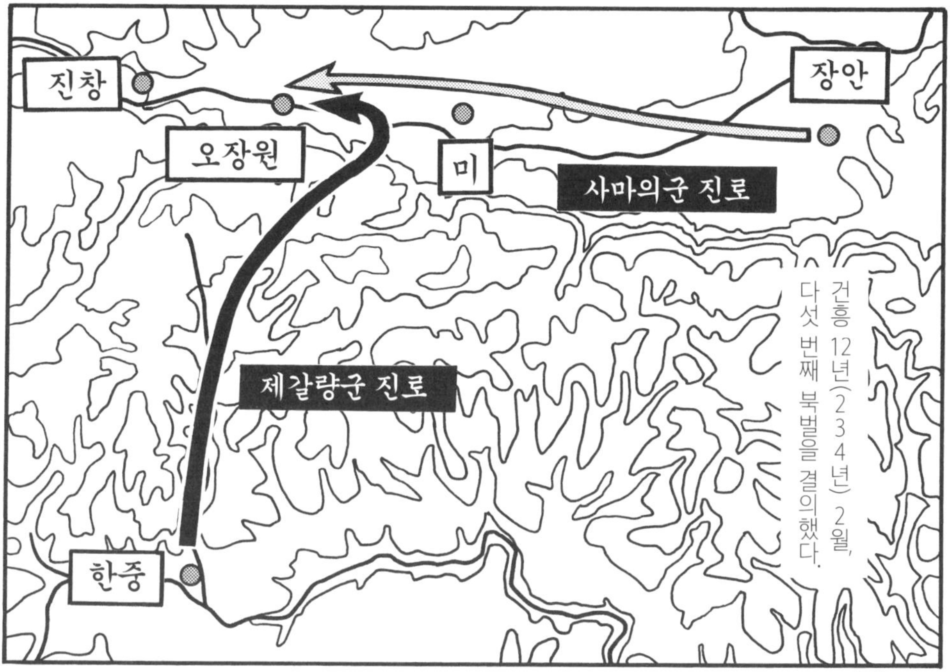

진창
오장원
미
장안
사마의군 진로
제갈량군 진로
한중
건흥 12년(234년) 2월, 다섯 번째 북벌을 결의했다.

승상.
몸은 괜찮소?
걱정하지 마십시오.
좀처럼 기침이 멈추지 않을 뿐입니다.
콜록 콜록
그런가….

* **제2차 북벌** 가정 싸움에서 패해 한중으로 철퇴한 직후, 위군이 오에 대패했다는 소식을 들은 공명은 즉시 출병 준비에 착수해서 건흥 6년(228년) 겨울 두 번째 북벌에 나섰다.

저는 이번 원정에서 위를 토멸하지 않으면
폐하를 두 번 다시 뵙지 않을 작정입니다.
불길한 말씀 마시오, 승상.
이번에는 선제의 비원을 꼭 이뤄주시오.
제1차 북벌로부터 벌써 7년,
맹세코 이번에는 꼭….
폐하도 촉 영내의 번영에 힘써주십시오.
승상. 걱정 마시오. 영내는 그대의 배려로 조금도 허술함이 없소.
그보다 오가 어떻게 나올지 걱정되오.

* **제3·4차 북벌** 건흥 7년(229년)에 제3차 북벌, 건흥 9년(231년)에 제4차 북벌이 있었다. 그사이 건흥 8년에는 조진이 자오도(子午道)에서, 장합이 야곡도(斜谷道)에서, 더 나아가 사마의가 한수를 거슬러 한중으로 향했다. 위 건국 후 처음으로 행해진 촉에 대한 진격 작전이었으나 장마로 부득이하게 철퇴할 수밖에 없었다.

예
제1차 원정에서는
오군과의 연계가 생각대로 안 되었지만,
이번에는 서둘러 비의를 오제 손권 공에게 보냈으니 괜찮으리라
생각합니다.

그럼
부탁하오, 승상.
예
제 사명, 목숨을 걸고 완수하겠습니다.

제5차 북벌에서 공명은 군대를 야곡도에서 전진시켜 장안과 가장 가까운 요충지 오장원에 진을 쳤다.
최신 정보로는 적의 대장군은 사마의,
주요 장수는 하후패, 하후위, 사마사, 사마소로
총 40만이
위수를 따라 진군 중입니다.
승상.
지금까지의 북벌에서는 장안 진격에 과하게 집착하지 않으셨습니까?
잘 말했소, 강유.
조진도 장합도 죽은 지금,
버거운 적은 사마의 한 사람.
사마의만 쓰러뜨리면 장안 가는 길도 쉽게 열릴 것이오.

* **제5차 북벌** 공명은 234년(촉 건흥 12년) 2월부터 8월에 걸쳐 다섯 번째 북벌을 감행했다.
* **오장원(五丈原)** 옹주 부풍군 미현에 속한다. 지금의 협서성 기산현 남쪽. 제5차 북벌에서 공명이 주둔한 위수 남쪽 기슭의 대지다.

제49장 최후의 북벌

이번에는 사마의만 겨냥해서 싸운다.
알겠나?
옛
몸이 근질근질 합니다.

*** 조진도 장합도 죽은…** 공명이 북벌을 시작할 때부터 촉군을 막았던 조진은 제4차 북벌이 행해지기 전인 231년(위 태화 5년, 촉 건흥 9년) 3월 낙양에서 병으로 사망했다. 장합은 231년, 공명의 제4차 북벌 때 후퇴하는 촉군을 추격하던 중 날아온 화살을 맞고 죽었다.

*촉·오 공동작전 공명이 북벌에 나선 뒤 손권은 형주·서주·양주에서 대규모 진격 작전을 펼쳤다.

서 공.
중요한 보고인가?
승상.
오에 보낸 비의 공이 마침내
오제 손권 공을 일으켰다고 합니다.
자세히 말해라.
소곤 소곤
예
손권 공이 직접 병사들을 이끌고
위의 합비를 공격하고 육손 공은 양양,
손소 공은 회양으로 군을 진격 시켰답니다.
총 30만 입니다.
좋다
위 토멸의 때가 무르익었다!

*정문(鄭文) 정사에는 등장하지 않는다. 『삼국지연의』에서는 진랑(秦朗)의 동생 진명(秦明, 역시 정사에는 등장하지 않음)을 베고 공명을 속이려다 간파당해 사마의에게 "내응할 준비가 됐다"는 거짓 편지를 쓰게 된 데다 합전 후 죽임을 당했다.

공명은 위연에게 적진 깊숙이 들어가 공격하도록 했다.
나를 따르랏!
魏延
蜀
위나라 장수가 항복하기를 원해 끌고 왔습니다.
위나라 장수 정문입니다.
우리 대장군 사마의는 대장 진랑만 편애하고
제게는 비난만 합니다.
그래서 촉의 승상 밑에서 일하고 싶어 항복했습니다.

* **진랑(秦朗)** 출생연도 사망연도 미상. 자는 원명(元明). 여포의 부장이었던 진의록(秦宜祿)의 아들. 조조에게 하비성을 빼앗긴 여포가 죽자 진랑의 어머니 두씨(杜氏)는 조조의 측실이 되었다. 그 때문에 진랑은 명제(조예)의 측근이 되고 효기장군에 임명되어 총애를 받았다. 명제가 외출할 때는 항상 수행했으나, 238년 실각했다.

뭐,
뭣이…!
너를 처음 본
순간부터
알았다.
무슨
증거로
그런!
거짓말!
번쩍
멍청한 놈!
나를
만만히
보지 마라!
이얍!
탁!
얍!

왜 그러십니까, 승상?
서야, 기다려라!
삭
묶어서 막사에 던져둬라.
따로 생각이 있다.
어떠냐? 이런 계책은….
승상이 아니고는 생각지 못할 묘책입니다.
제게 그 역할을 명해 주십시오.
좋다. 서야, 즉시 가거라.

막사에는
위의 포로 50여 명이
갇혀 있었다.
공명
님이!?
누구
한테?
위의 장수
정문이라고
하던데….
승상이
살해됐어.
뭐!?

이봐, 들었나?
공명이 살해 당했다네.
정말?
응.
그런데 승상이 살해된 사실을 숨기고 촉군이 후퇴한대.
이거 큰일이군.
수군 수군
녀석들이 놀라서 허둥거리네.
이봐, 우리는 목을 베이기 전에 달아나세.
쑥덕 쑥덕
좋아, 달아나자.
그래. 가자고.
지금이야!
앗
포로가…!
다다다다
놓치지 마랏!
베어랏!
히죽

승상. 계획대로 포로를 열 명쯤 놓아주었습니다.
잘했다.
이제 사마의가 반드시 우리 군에 맹공을 퍼부을 것이다.
잘 들어라. 위연은 오른쪽에서
강유는 왼쪽 멀리서 은밀히 군세를 돌아서 들어가라.
나는 고상과 30리 정도 횃불을 들고 화려하게 후퇴하는 것처럼 꾸미겠다.
예.
이것으로 적을 독 안에 든 쥐로 만듭시다.
후하하하

* **손권의 위연 평가** 비의가 오를 방문했을 때, 손권은 북벌의 선봉이 위연이라는 것을 알고는 "그는 무용은 있지만 심성이 좋지 않다. 공명이 죽으면 반드시 나라를 파멸시킬 것이다"라고 말했다. 비의가 이 말을 전하자 공명은 "과연 손권이군. 나도 위연에 대해 알고 있지만 무용을 높이 사서 쓰는 것이다"라고 대답했다(『삼국지연의』).

적이 공격해 오는 것은 2각쯤 뒤일 것이다.
하지만 목표는 어디까지나 사마의의 목이라는 사실을 잊지 마라.
그리고 서야.
적이 이 지점에 오면 봉화를 올려라.
그것을 총공격 신호로 삼겠다.
알겠지?
예.
그럼 모두
이 일전으로 사마의를 끝장내자.
옛—!

* **위의 자객** 『삼국지』「촉서 제갈량전」에는 공명이 북벌 중에 자객의 습격을 받았다는 기술은 없지만, 주에서 다음 일화를 언급하고 있다. 아직 유비가 살아 있을 때 조조가 유비를 암살하려고 자객을 보낸 적이 있었다. 자객이라는 사실을 모르는 유비는 그와 이야기를 나누고 매우 마음에 들어했다. 그때 공명이 오자 자객은 침착성을 잃더니 급기야 변소에 간다고 하고는 달아났다. 유비는 "그대를 보좌할 인물을 얻었다"며 기뻐했으나, 공명은 "그는 조조의 자객일 겁니다" 하고 간파했다.

2각 뒤
텅 비어 있습니다.
대장군.
적은 겁을 먹고 달아 났습니다.
공명이 살해됐으니 달아날 수밖에 없겠지.
모두 추격하라!!
와
두두두두

잠시 후
슈웅
팟
뭐냐,
저것은…!
적의
궁여지책일
겁니다.
두
두
두
봉화가
올랐다!
돌격!!
두두
두두
사마의를
베라!!

두두두 우와
두두두… 우와

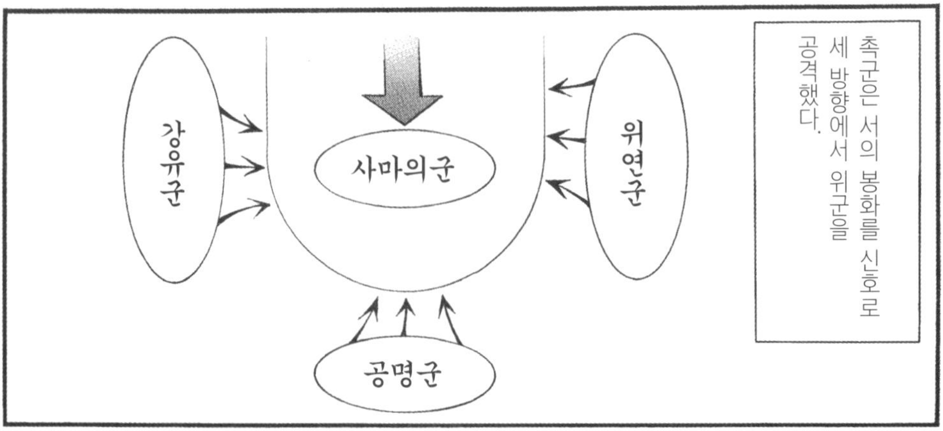
촉군은 서의 봉화를 신호로
세 방향에서 위군을
공격했다.
사마의군
강유군
위연군
공명군

이, 이건!!
속았다!
공명이 죽었다는 말은 함정이었나!?
어찌 할까요? 대장군.
에잇!
후퇴하라!
후퇴다!!
좋아
단번에 밀어 붙여라!!
사마의의 목을 벤 자에게
태수 자리를 주겠다!!
전군 돌진하라!

쾅—
쾅—
쾅—
연막탄을 쏴라!
추격!
사마의의 목을 쳐랏!!
휫—
두 두 두
이것은 분명 사마의의 투구!
아직 멀리 못 갔다.
찾아라!
멈칫

쏴
쏴
쏴
쏴아
투구를 안 쓴 사람이 사마의다.
쫓아라!!
쏴
우리 부자,
이런 곳에서 죽고 마는가…!
이 골짜기만 넘어가면 괜찮습니다, 아버님.
그렇습니다. 아버님.

*** 우리 부자, 이런 곳에서 죽고 마는가** 사마의가 출격하자 공명은 위연에게 막다른 곳인 호로곡(胡蘆谷)으로 사마의를 유인하게 했다. 공명은 여기에 지뢰와 장작을 미리 준비해놓고 사마의·사마사(司馬師)·사마소(司馬昭) 부자가 계곡에 들어가자 입구를 막고 불을 던져 태워 죽이려 했다. 이때 사마의가 외친 말이 이것이다(『삼국지연의』).

이 어둠 속에 큰비는 하늘의 도움이다.
달아날 수 있겠다.
목숨만 구하면 공명에게 반격할 날도….
음. 죽을까 보냐.
서두르자.
이 일전으로 촉군은 대승을 거두고 위군 병사 8만의 목을 베었다.
그러나 공명의 최대 목표였던 사마의의 목은 거둘 수 없었다.
이후 위군은 위수 북쪽 강안에 해자를 두른 견고한 진을 치고 두번 다시 공격해 오지 않았다.
蜀
蜀

… 이런 방책으로 사마의를 도발하면 어떨까요?
후후
강유, 좋은 생각이군.
좋다!
사자를 보내자.
사마의의 막사
뭐
공명의 사자가?
녀석이 무슨 속셈으로?
좋다. 들여보내라.

*** 사마의의 전략** 사마의는 공명과의 싸움에서 일관되게 지구책을 쓰면서 촉군의 군량이 떨어져 철퇴하기를 기다렸다. 이 지구전은 촉군과 공명을 서서히 지치게 만들었다.

사마의 대장군.
저는 촉의 승상
제갈공명의 사자입니다.
승상의 명으로 이것을 전하러 왔습니다.
뭐냐?
이 부인용 옷은…!
어째서 이런 걸 내게!?
이유는 아마도 죽간에….
귀공은 위의 대장군으로
수십만 대군을 거느리면서도
우리 촉군을 무서워하여
벌써 석 달이나
요새에 들어앉아
싸우지 않으려 하고 있소.
이것은 마치 부인의 행동과
같지 않소?
그렇다면 여기 보내는
부인 의상이라도 입고
지내는 것이
좋을 것이오….

이봐, 사자.
어째서 이런 걸 전하느냐?
저는 전달만 할 뿐
내용물은 모릅니다.
당장 나가라!
제군.
공명 이놈이 이런 모욕을 하는데
어쩌면 좋겠나!
아버님, 즉시 치러 나갑시다!
그렇습니다.
촉나라를 단번에!!
이의 없습니다!
잠깐만 기다리십시오!
뭐냐, 신비?

*** 신비(辛毗)** 출생연도 사망연도 미상. 예주의 영천군 양적(지금의 하남성 우현) 출신. 형 신평과 함께 원소(袁紹)를 섬겼으나 원담(袁譚)이 항복했을 때 조조에게 의랑으로 발탁되었다. 그 뒤에도 위를 섬기며 명제 대에는 위위(衛尉, 황궁의 문·병영을 경비하는 사령관)로 등용되었다. 사마의의 진에 칙사로 갔을 때는 대장군 군사·사지절(使持節)로 임명되었고, 공명 사후 귀경한 뒤에는 다시 위위의 직책으로 돌아왔다.

사마의 대장군.
폐하의 칙서를
잊으셨소?
여기에는
"위군은 내 허락이 있을 때까지 절호의 기회가 오지 않는 한 당분간 요새에서 나가지 말 것. 오직 촉군이 지치기를 기다릴 것."
이렇게 쓰여 있지 않습니까?
후
나 같은 사람이
이런 수치를 견뎌야 하다니….
… 공명 이놈!
에잇
공명의 사자를 돌려보내랏!

사야. 냉정한 공명이 저런 일까지 하다니,
초조한 게 아닐까?
아버님. 그럴 겁니다.

앗
이것은 공명의 신상에 뭔가 이변이…!

후후
그럴지도 모르지요.

* **사마사(司馬師)** 208~255년. 자는 자원(子元). 사마의의 장남이자 사마소의 형. 후에 위의 대장군이 되어 권력을 독점했다.

제50장 공명 오장원에서 죽다

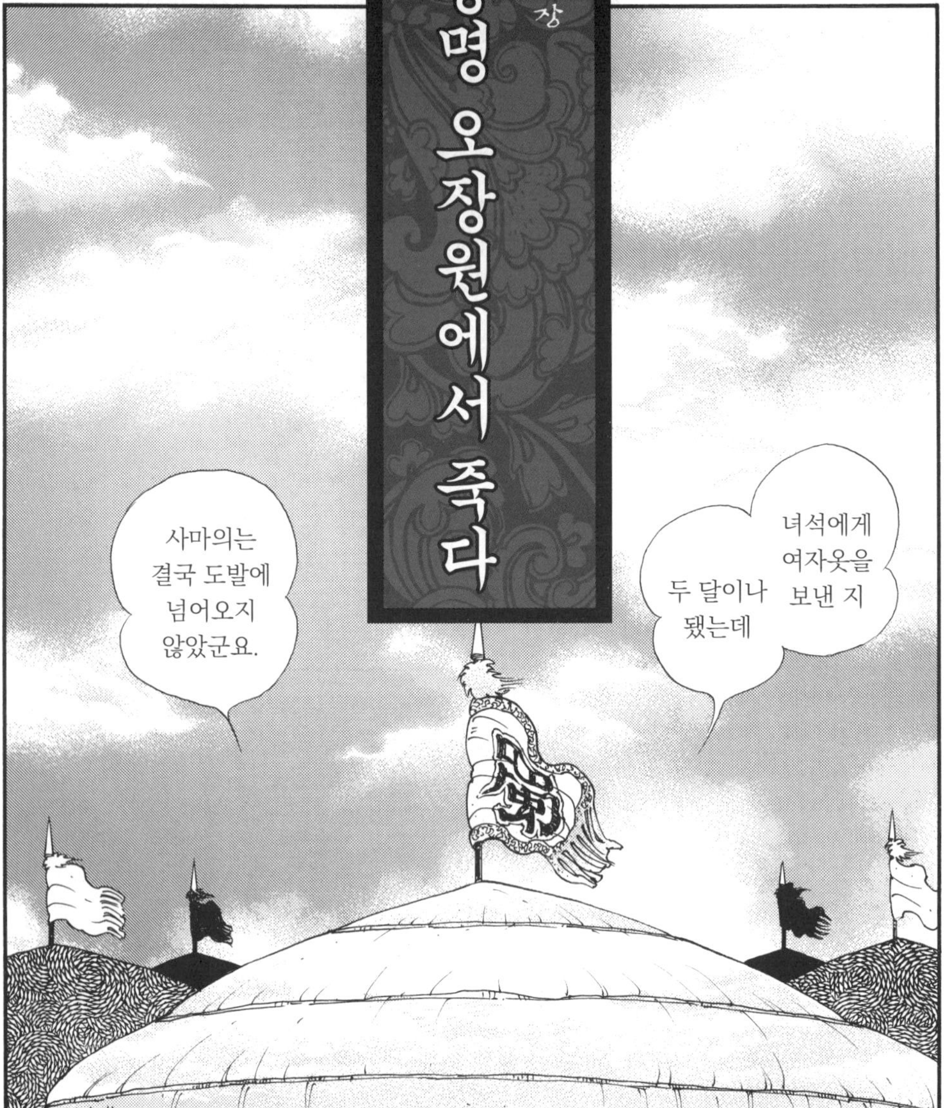
사마의는 결국 도발에 넘어오지 않았군요.
녀석에게 여자옷을 보낸 지
두 달이나 됐는데

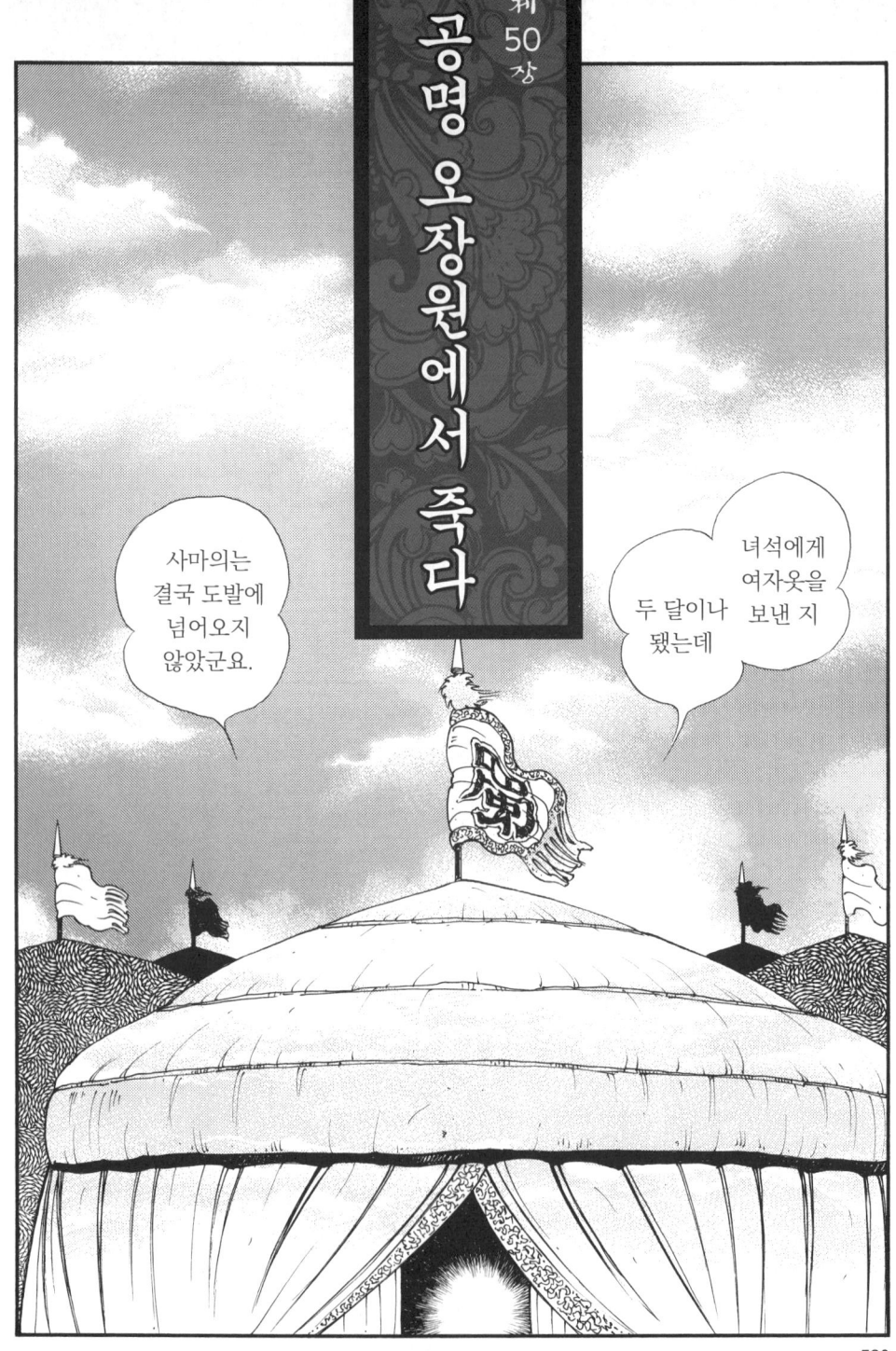

어떠세요, 승상.
저를 사마의를 죽일
자객으로 보내주시지 않겠습니까?
그러나 저렇게 견고히 진을 치고 있으니
방법이 없구나.
콜록 콜록
네 마음은 안다만
오의 출동으로 사마의의 진이 동요라도 하면 모를까, 무리일 것이다.
늘 걱정을 끼쳐서 미안하구나.
…….
콜록

* **공명의 죽음을 예견한 사마의** 공명이 사마의에게 여자옷을 보내 도발했을 때, 사마의는 촉의 사자에게 공명의 생활을 물었다. 사자는 "(공명이) 작은 사안도 훑어보고 밤늦게까지 일하며, 식사도 별로 하지 않는다"고 답했다. 사마의는 사자가 돌아간 뒤 "먹는 양도 적고 일은 많으니 공명도 오래 살지는 못할 것"이라고 위의 장수들에게 말했다. 이것은 『삼국지연의』의 이야기인데, 『삼국지』 「촉서 제갈량전」의 주에도 같은 내용이 있다.

승상, 비의 입니다.
아니요, 아직은 건강 하셔야….
들어 오시오.
웅
기다리고 있었소.
자
그게….
그런데
오의 움직임은 어떻소?
그냥 그렇소.
몸은 좀 어떠 십니까?
예….
어서 말하시오, 비의!

믿었던 오도 결국….
아아
오제 손권 공과 육손 공의
위 협공 작전이 적에게 노출돼
오군이 대패를 했습니다.
우웩
쿨럭
이런 보고를 드려 죄송합니다.
앗

서야.
나는 곧 죽을 것이다.
그러나 내가 죽어도
콜록
부고를 내지 말고 군을 후퇴시켜라.
예
승상.
하지만 사마의는 추격해 올 것이다.
… 그때는 전에 만든 내 목상을 수레에 싣고
위연, 강유 군이 그것을 호위하고 반격하면
적은 이전 패배를 기억하고
군을 50리는 후퇴시킬 것이다.
그러면 우리 군은
쉽게 한중으로 철퇴할 수 있을 게다.
….

또한 서야. 선제 유비님 관우 공 장비 공 조운 공의 묘에 성묘를 하러 가서…
내가 이 손으로 위를 멸망시키지 못한 것을 사죄해다오.
또 하나, 내 처 지애에게 전해주어라.
나는 그대와 살 수 있어서 정말 행복했다고….
예
예에….
흑흑
내 시체는 정군산 기슭에 조촐하게 묻어다오.
결코 머리를 적의 수도로 향하게 하지 말고….
콜록
서야. 그렇게 일을 처리한 다음,
젊은 아내라도 맞이해 즐겁게 살도록 해라.
너를 고생만 시켰구나. 용서해라.

그런 과분한 말씀을….
감사를 드려야 할 사람은…
…접니다.
흑흑흑
저는 목숨이 붙어 있는 한 사마의의 목숨을 노리겠습니다.
공명 선생님….

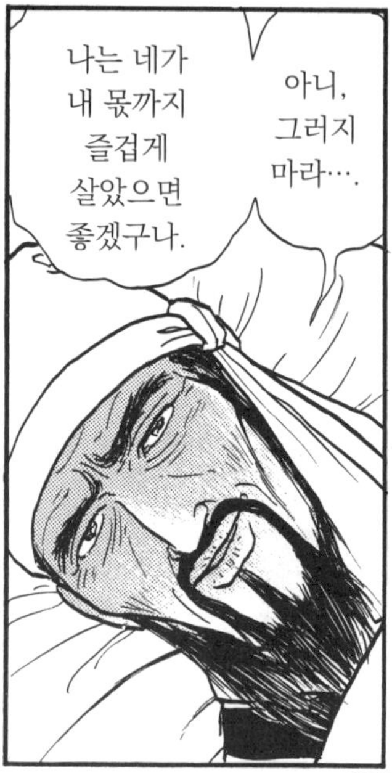
아니, 그러지 마라….
나는 네가 내 몫까지 즐겁게 살았으면 좋겠구나.

공명이 쓰러졌다는 소식을 듣고 촉제 유선은 성도에서 상서 이복을 보내 문병했다.
폐하께서 승상에게 부디 성도로 돌아와
요양을 하라고 하셨습니다.
이복.
내 목숨에 대해서는 내가 가장 잘 아오.

* **이복(李福)** 출생연도 미상~238년. 자는 손덕(孫德). 익주의 재동군 부현(지금의 사천성 면양현 동쪽) 출신. 유비의 입촉 후 두각을 나타내서 이때는 상서복야를 맡고 있었다.

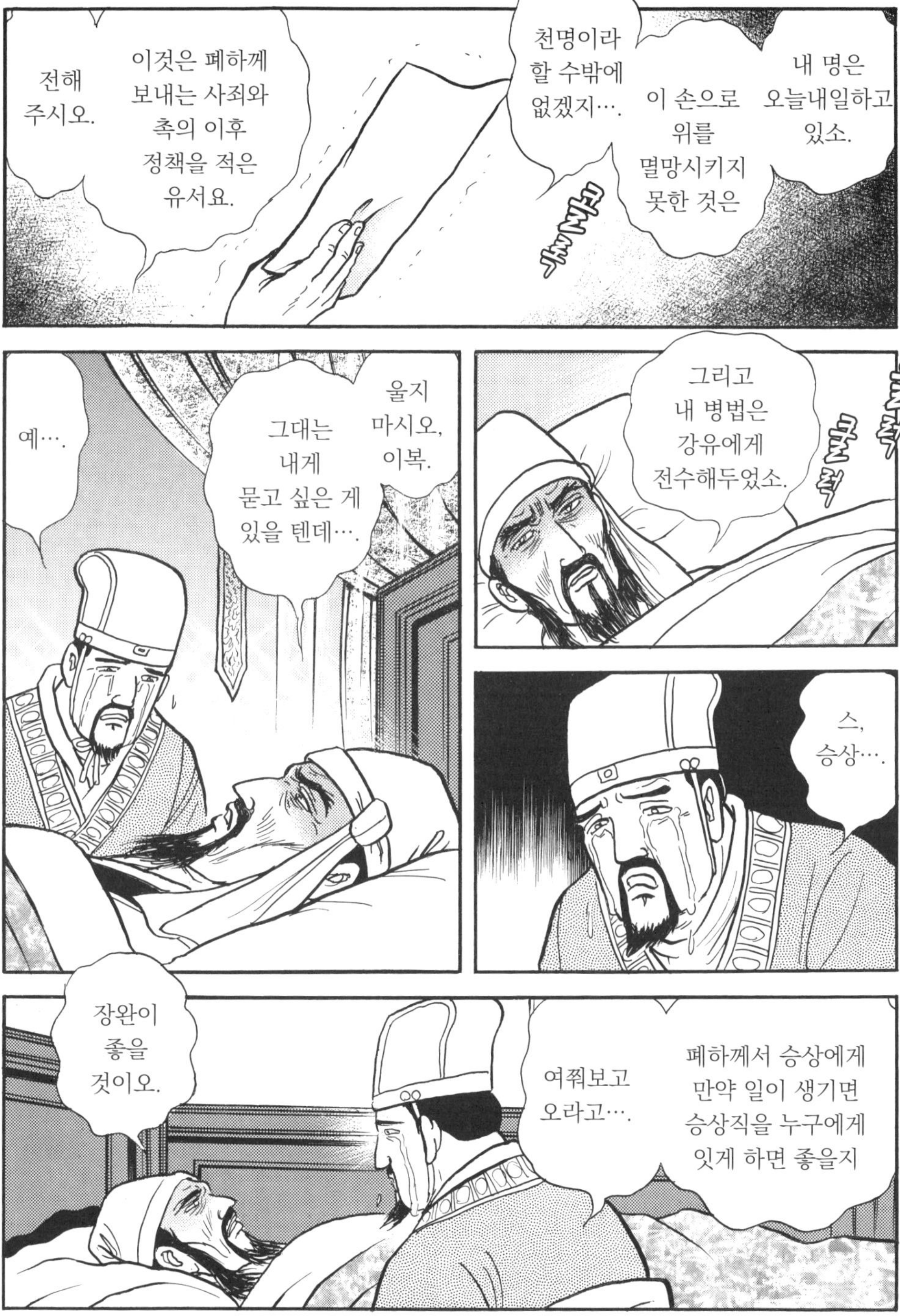
내 명은 오늘내일하고 있소.
이 손으로 위를 멸망시키지 못한 것은
천명이라 할 수밖에 없겠지….
쿨럭
이것은 폐하께 보내는 사죄와 촉의 이후 정책을 적은 유서요.
전해 주시오.
쿨럭
쿨럭
그리고 내 병법은 강유에게 전수해두었소.
스, 승상….
울지 마시오, 이복.
그대는 내게 묻고 싶은 게 있을 텐데….
예….
폐하께서 승상에게 만약 일이 생기면 승상직을 누구에게 잇게 하면 좋을지
여쭤보고 오라고….
장완이 좋을 것이오.

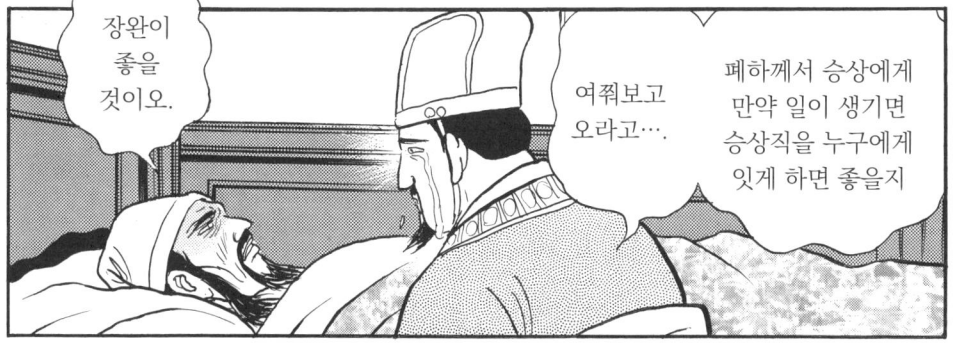

*** 촉군 철퇴 지시** 공명은 임종 전에 장사 양의(楊儀), 사마 비의(費禕), 호군 강유(姜維) 등에게 위연을 후미에 두고 촉군을 철퇴시킬 것과 위연이 따르지 않을 경우 강유가 후미가 되어 위연을 남겨두고 출발할 것을 지시했다. 아니나 다를까, 양의와 반목하던 위연이 이 지시를 따르지 않았기 때문에 양의는 즉시 철퇴를 시작했다(『삼국지』「촉서 위연전」).

욱
비위 공 다음엔 누구에게…?
장완 공에게 만일 무슨 일이라도 생기면…?
비위가 좋을… 것이오.
쿨럭 쿨럭
왓
우웩
스, 승상…! 공명 선생님!!
그, 그럼 제 등에 업히세요.
다시 한번 보고 싶구나….
나는 북두칠성을
… 서야.

승상.
저기에 …. 북두 칠성은
오오, 북두 칠성!
죽음을 앞둔 내 눈에도 잘 보이는 구나.
서야….
승상. 말씀하세요,
나, 나는…
다시 태어나서 위를…
사마의를…
없애고 싶구나!

털썩
앗!
공명 선생님!
때는 건흥 12년(234년) 8월 23일, 제갈공명의 나이 쉰넷이었다.

* **별은 지고 가을바람 부는 오장원(五丈原)** 『삼국지』「촉서 제갈량전」의 주에는 공명이 죽었을 때 유성이 떨어졌다는 기술이 있다.

공명은 죽고 촉군은 달아났구나.
내 예감이 맞았다.
예
놈들을 추격해 일망타진 하랏!
두두 두두두

앗!
기다
려라!
네놈들은
우리 승상의
계략에 또
걸려들었다!
사마의!
아
공명!!
살아
있었나!
돌격하라!
훽
모두
후퇴!
후퇴하랏!

두두두
후퇴!
후퇴!!
두두두두두
탁
정신을
차리
십시오!
두두두두
두두두
대장군.
안심
하십시오.
촉군은
이제
멀어졌습니다.

공명의 계략으로 위군을
쫓아버린 촉군은 유유히
한중의 정군산 기슭까지
철퇴할 수 있었다.
유선은 충무후라는 시호를
내리고 공명의 시체를
정군산 기슭에 매장했다.
산소는 공명의 유언대로
간소하게 썼다.
한승상제갈충무후지묘

* **공명의 계략** 촉군이 철퇴를 시작했다는 것을 알아차린 사마의는 즉시 추격을 개시했지만, 촉군이 반격할 기미를 보이자 끈질기게 쫓지 않고 퇴각했다. 이 일이 후세에 "죽은 공명이 산 중달을 쫓았다"는 말의 고사가 되었다(중달은 사마의의 자).

공명과 50년 가까운 세월 동안
침식을 함께한 서는
생전 공명의 지시대로
유비·관우·장비·조운의
묘를 찾아가 성묘하고,
공명의 아내에게 마지막 말을
전한 뒤, 아무 말 없이 모습을
감추었다.
공명의 숙적이었던 사마의를
없애기 위해 홀로 위나라로
떠난 것이다.
그러나 서는 끝내 그 뜻을
이루지 못했으며,
그 이후로는 서의 소식을
아는 이가 아무도 없었다.
제갈공명 사후 30년,
용장 강유의 분투도
허무하게 촉제 유선은
위나라 사마의의 차남
사마소에게 항복했다.
이로써 촉한 왕조는
건국 43년 만에 멸망했다.
2년 뒤,
사마소가 죽자
그의 아들 사마염은
위제 조환(조조의
손자)에게서
제위를 빼앗아
진왕조를 창건했다.

*** 촉의 멸망** 263년(위 경원 4년, 촉 경요 6년) 8월, 위나라 등애(鄧艾)·종회(鍾會) 등이 촉을 침공했고, 11월에 유선이 항복하면서 촉은 멸망했다.

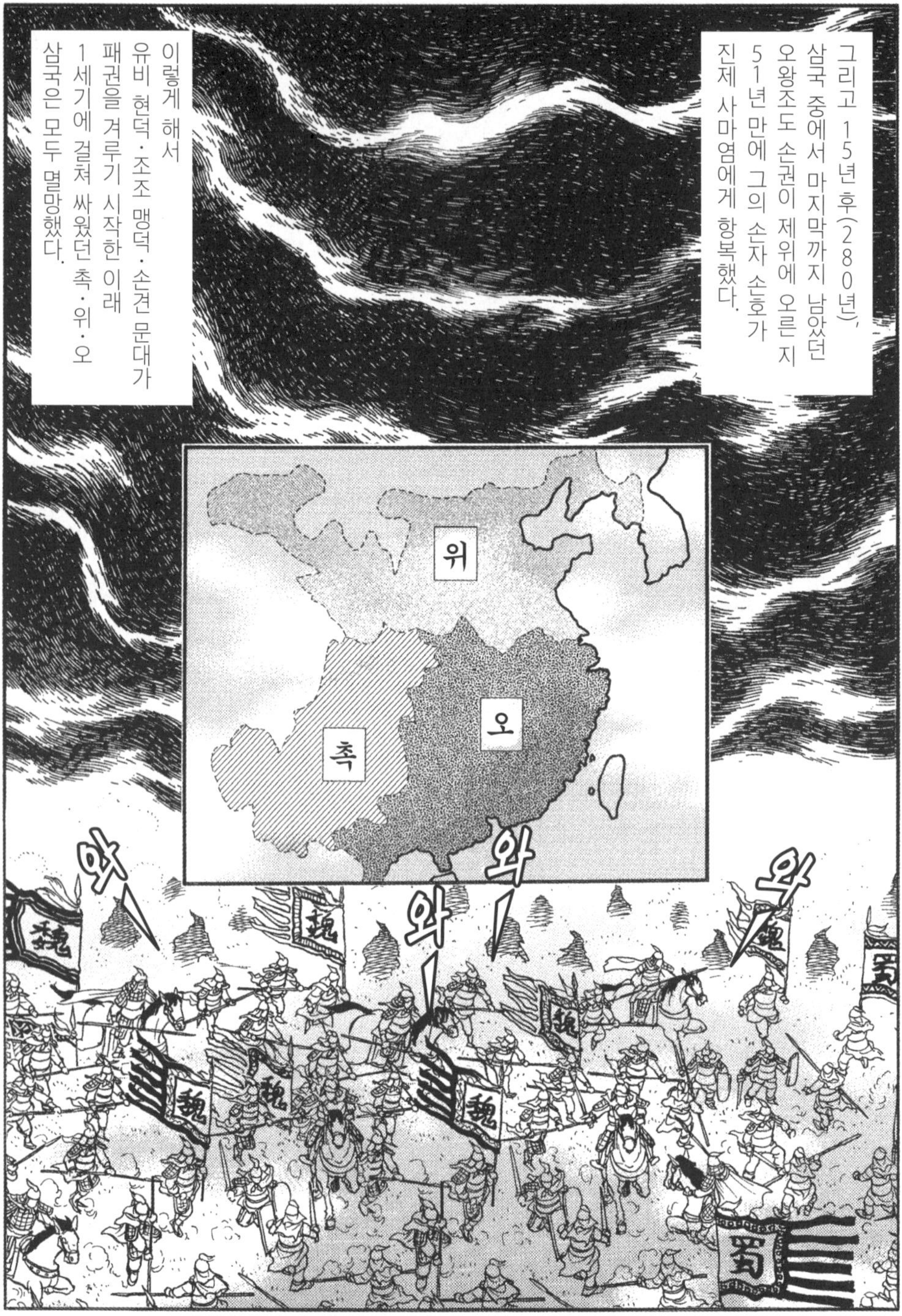

그리고 15년 후(280년),
삼국 중에서 마지막까지 남았던
오왕조도 손권이 제위에 오른 지
51년 만에 그의 손자 손호가
진제 사마염에게 항복했다.
이렇게 해서
유비 현덕·조조 맹덕·손견 문대가
패권을 겨루기 시작한 이래
1세기에 걸쳐 싸웠던 촉·위·오
삼국은 모두 멸망했다.
위
오
촉
와!
와!
와!
와!
魏
蜀

* **손호(孫皓)** 242~284년. 자는 원종(元宗). 오의 마지막 황제로 손권의 손자이다(손권의 삼남 손화의 장자). 264년 황제가 되었으나 즉위 후 술과 여자에 빠진 데다 난폭한 행동으로 많은 신하를 잇달아 처형해서 군신들에게 버림을 받았다. 280년, 진의 오 토벌 장군 왕준(王濬)이 건업을 공격하자 이에 항복하면서 오도 멸망했다.

『삼국지』에는 많은 영웅과 간웅이 등장한다.
그중에서 후세 사람들에게 가장 많이 사랑을
받아온 사람은 제갈공명일 것이다.
그는 삼고초려로 유비 현덕에게 맞아들여져
스스로 진언한 천하삼분지계를
실현함으로써 유비를 촉한 황제로 추대했다.

그리고 후주 유선에게 출사표를
주상(奏上)하고 5차에 걸쳐
북벌을 감행해 간웅 조조가 창업한,
후한 왕조를 멸망시킨 위를 토멸하려 했다.
그러나 뜻을 이루지 못한 채 쉰넷의
나이로 오장원에서 전사했다.

제갈공명이 1800년 후인 지금까지
여전히 사랑을 받는 것은 비할 데 없이
성실한 인품과 견줄 만한 것이 드문
예지 때문일 것이다.

* **무후사(武侯祠)** 성도의 무후사는 5호16국 시대(316~439년)에 건립되었고 지금의 건물은 청대인 1672년에 재건되었다. 같은 부지에 소열사(昭烈祠, 유비의 사당)와 혜릉(惠陵, 유비의 무덤)이 있으나 일반적으로 소열사 등도 합쳐서 무후사라 부른다. 최초의 무후사는 263년, 유선의 명에 따라 건립된 한중 무후사로 현재 중국에는 13개의 무후사가 있다고 한다.

현재 성도에는 공명을 모신 무후사가 있는데,
그 인기는 같은 사당 안에 모셔진 유비 현덕을 훨씬
앞선다. 아마도 그 이름은 앞으로도 영원히
다음 세대로 전해 내려갈 것이 분명하다.
공명으로부터 5세기 후 당나라 대시인 두보(杜甫)는
만년에 다음과 같은 시를 남겨
제갈공명의 충의를 칭송했다.

제갈의 큰 이름 온 우주에 드리우고

종신(宗臣)이 남긴 모습 숙연하며 맑고 드높구나

삼분지계를 궁리하여

영원히 하늘 나는 봉황 같은 재능을 나타내셨다

이윤과 여상과 백중지세이며

지휘가 제대로 실행됐다면

소하도 조참도 무색할 정도

운이 다한 한나라 조정 다시 세우지 못하고

위를 칠 결의를 했으나

군무의 노고로 돌아오지 못할 몸이 되었네

〈만화삼국지 끝〉

삼국지에서 무엇을 배울까?

해설 : 와타나베 요시히로(渡邊 義浩, 와세다대학 문학학술원)

유비, 제갈량을 그리는 방법에서 보이는 것

이 책『만화 삼국지』에서는 유비와 제갈량을 중심으로 이야기가 그려집니다. 이 책의 유비 상(像)은『삼국지연의』이후 회자되어온 유비 상과는 상당히 다르지만 역사적 사실에는 더 가깝다고 생각합니다. 이전의 유비 상은 도원결의, 삼고초려 이야기를 봐도 인정이 많은 사람입니다. 옛날의 이상적인 아시아 리더상이라고 할까요. 그런데 이 만화에 그려진 유비는 원래부터 강하고 용병대장으로서의 능력도 매우 탁월합니다. 무예도 뛰어나고 결단력도 있습니다. 조조도 인정할 만한 군사력도 갖추고 있습니다. 이것은 제가 생각하는 현실의 유비 상에도 비교적 가깝습니다.

제갈량은 역사적 사실에서 보면 우수한 지휘관이지만 군사적으로는 뛰어나지 못합니다. 중국에서의 전쟁은 기본적으로 서로 속이기입니다. 제갈량은 성실한 사람이었기 때문에 속이는 것을 별로 잘하지 못합니다. 오히려 유비가 전쟁은 잘했습니다.

제갈량은 전체적인 구상을 하는 사람입니다. 전체적인 구상을 전략이라고 한다면 제갈량은 초일류 전략가지만, 전술 단위로 생각한다면 우수한 지휘관 정도입니다. 전혀 개개의 전투를 잘하는 사람이 아니었고, 개개의 전투에서 마법을 부린 것도 아니었습니다.『삼국지연의』에 그려진 모습과는 전혀 다르다는 것을 역사적 사실에서 알 수 있습니다.

또한 그는 참모로서 자신의 정치 기반을 견고히 구축했던 사람이며, 자신의 지지 기반을 구체적으로 만들어 유비가 경계할 정도의 권력을 쥐고 적극적으로 관료들을 조정해 국내 정치를 제대로 했던 사람입니다. 단, 일인자가 될 생각은 전혀 없었습니다. 그의 뜻은 한나라의 부흥에 있었으며, 자신이 군주가 되면 한나라가 아니라는 의미에서 리더가 아니라 참모입니다. 리더가 되는 것은 자신의 뜻에 어긋나는 일이었으므로 군주의 자리에는 오르지 않았습니다. 이것이 제갈량의 실제 모습이라고 생각합니다.

지금, 『삼국지』에서 무엇을 읽을까?

전통적인 제갈량 상이 그려져 있어서 저는 이 책이 참 좋습니다. 그는 매사에 열심이고 헌신적입니다. 바람을 부르지만(웃음), 전투 장면에서 바람을 부르는 마술은 현실적인 모습이 아니라 전적으로 허구지요.

제갈량은 비운의 인물입니다. 그는 한을 부흥시키고 싶었습니다. 아무런 혁신도 없었지만 한의 부흥을 위해 살았습니다. 제갈량이 조조를 무찌르고 중국을 통일했다면 전혀 흥미가 생기지 않았을 것입니다. 하지만 그는 뜻을 이루지 못한 채 오장원에서 세상을 떠납니다. 마속에게는 배신당하고 부하 중에는 우수한 인재가 적었습니다. 정말 가여운 인물입니다. 거기에서 로망과 비운을 느끼지 않을 수 없습니다.

『삼국지』는 무엇을 바라며 읽느냐에 따라 달리 보입니다. 『삼국지』의 재미는 다양한 인물상에 있습니다. 그러므로 유비나 관우에게 꼭 배워야 하는 것도 아니고, 조조나 동탁처럼 살고 싶다고 해도 전혀 상관없습니다.

자신이 좋아하는 등장인물에게서 배울 점이 있다면 거기에서 배우면 좋을 것입니다. 자신의 삶에 영향을 줄 수 있는 사람을 찾아내는 것이 중요합니다. 『삼국지』는 중국이라는 대국이 크게 변해가는 과정의 이야기입니다.

일본의 전국시대나 메이지유신 때도 그러했지만 역사가 크게 움직이는 시대에는 사람들의 개성이 빛나는데, 거기에 끌리는 것은 각자의 드라마가 있기 때문인 것 같습니다.

특히 지금처럼 가치관의 혼란을 겪을 때는 과거를 돌아보고 역사를 보고 고전을 읽게 됩니다. 『삼국지』는 그럴 때 아주 매력적인 고전입니다. 『삼국지』는 허구가 아니라 실제 역사이고 일본에도 큰 영향을 주고 있으므로, 역시 다른 이야기와는 무게가 다르다 할 것입니다.

오오, 북두 칠성!
죽음을 앞둔 내 눈에도 잘 보이는 구나….

주요 참고 문헌

『정사 삼국지』(전8권), 치쿠마문예문고
『삼국지연의』(전8권), 도쿠마문고
『삼국지전 인명사전』, 도쿠마서점
『삼국지 인물사전』, 고단샤
『삼국지연의 대사전』, 우시오출판사
『중국 역사 문화사전』, 신초샤
『중국 역사 신책』(전4권), 야마카와출판사
『중국 역사 지도집 제2 · 3집』, 중국지도출판사(본토)
『중국 시인 선집 - 두보(상)』, 구로카와 요이치[黒川洋一], 이와나미서점

만화 삼국지 2

발행일 2021년 12월 01일 초판 1쇄
2021년 12월 15일 초판 2쇄

원작 요시카와 에이지
그림 이시모리 프로
시나리오 다케카와 고타로
옮긴이 장현주
발행인 고영래
발행처 (주)미래사

주소 서울시 마포구 신수로 60, 2층
전화 (02)773-5680
팩스 (02)773-5685
이메일 miraebooks@daum.net
등록 1995년 6월 17일(제2016-000084호)

ISBN 978-89-7087-003-8 (04910)
978-89-7087-005-2 (04910) (세트)

* 가격은 뒤표지에 있습니다.
* 잘못 만들어진 책은 구입처에서 바꾸어 드립니다.